AF272110

Matthias Mala

Magie des Abendlandes

Traktat zu einer anarchischen Religion

Reihe Theurgia
Band VI

© 2010 Matthias Mala, München
Alle Rechte sind vorbehalten.
www.theurgia.de
ISBN: 978-3-8391-2651-6

Herstellung und Verlag:
Books on Demand GmbH, Norderstedt
www.bod.de

Lektorat:
Loel Zwecker, München

Umschlaggestaltung:
Gabriel Nemeth, Graphik Design, Passau
www.nemethstudio.de

Titelfoto:
Helene Seidl, Unterschleißheim
www.midgard-community.de

Vignetten:
Matthias Mala

Layout und Satz:
Katharina Schweissguth, München
www.e-viskom.de

Printed in Germany

Anmerkungen zum Titelbild

Das Titelbild zeigt die Spiegelung einer Fensterpartie des Schlosses Schleißheim in einer Regenpfütze. Das neue Schloss Schleißheim entstand zwischen 1701 und 1726 vor den Toren Münchens im Auftrag des bayerischen Kurfürsten Max Emanuel nach Plänen von Enrico Zuccalli (1642 – 1724).

Die Zeit des späten Barocks war die Phase, in der die klassische Magie als eine Methode der Natur- und Gotteserkenntnis in die Naturwissenschaften überging. Zwei Beispiele für diesen Wandel: 1708 entdeckte Böttger, der sich noch als Alchemist verstand, die Porzellanherstellung. 1712 installierte Thomas Newcomen, ein Schmiedemeister und Erfinder, in England die erste atmosphärische Dampfmaschine. Von nun an waren die Naturwissenschaften die Disziplinen, die anstelle der Magie Wirkungen erkannten, fixierten und in die Welt lenkten.

Die Magie blieb unserer Psyche dennoch erhalten und zeigt sich heute in vielfältiger Weise; so auch in der Kunst. Mit dem Titelbild hielt die Fotografin, Helene Seidl, einen besonders magischen Effekt fest. Ein Fenster, das einerseits für den Blick in die Welt durchlässig ist, andererseits mit seiner Spiegelung der Welt ihre Wirklichkeit vorhält, wird selbst zum Spiegelbild in dieser Welt. Verschiedene Wirklichkeitsebenen verschränken sich somit sichtbar und geben Anstoß, um über Schein und Sein und deren sich wechselseitig bedingende Einflussnahmen nachzudenken. Dieserart Nachdenklichkeit vermag uns zur Kontemplation zu führen und in der Folge mit magischen Sphären bleibend zu verbinden.

Kapitelverse

Die Verse, an den Kapitelanfängen, entstammen dem Gedicht „Das Haar" von Charles Baudelaire (aus den „Blumen des Bösen") in der Nachdichtung von Stefan George. Es handelt sich dabei um die ersten fünf Verse des siebenstrophigen Gedichtes. Die beiden letzten Verse wurden dem Nachwort zugeordnet.

Inhalt

Vorwort zur überarbeiteten und erweiterten Auflage in der Reihe Theurgia

Dieses Buch erschien erstmals 2002 unter dem Titel „Magie" im Diederichs Verlag. In ihm beschäftigte ich mich explizit mit der Entwicklung und den Ausformungen der Magie im Abendland. Hierbei betrachtete ich vor allem die Entwicklung der höheren Magie, deren Vertreter sich im Gegensatz zur volksnahen, abergläubischen und zweckgebundenen Magie Gedanken über die Kausalität und das Wirken ihrer Zauberei machten. Ihre Nachdenklichkeit über die Metaphysik und deren magische Aufdeckung war vor allem theologischer Natur. Die behauptete und beobachtete magische Wirkung eines Rituals erlaubte den Magiern Rückschlüsse auf das Wesen des Höchstens, das mal als der christliche Gott, mal als das gnostisch Numinose, mal als der Demiurg (siehe auch Anhang) des Alten Testaments gedacht wurde. Insofern verstanden sich die alten Magier als die Natur der Erscheinungen erkundende Religionsphilosophen. Sie waren überzeugt, durch ihre praktische Forschung dem Göttlichen näher als andere Menschen zu rücken. Gleichzeitig kümmerten sie sich wenig um mögliche Widersprüche zwischen ihren Erfahrungen und dem christlichen Kanon. Hier empfanden sie sich vorrangig als Mystiker, da sie dank ihrer Magie das Wesen des Höchsten erschauen konnten. Sie waren tief religiöse und doch seltsame Freigeister, die sich ihren Gott auf ganz eigene Weise, nämlich aufgrund ihrer persönlichen Gotteserfahrung erklärten. Aus dieser Haltung leitete ich den Untertitel für die vorliegende überarbeitete Neuausgabe des Buches ab: „Traktat zu einer anarchischen Religion".

Von ähnlicher Religiosität wie die alten scheinen auch die heutigen Magier zu sein, die sich ernsthaft mit ihrer Magie auseinandersetzen. Auch sie initiieren ihre Magie für die Gottesschau; auch sie widersetzen sich dem Kanon der Kirchen und gehen eigene, seltsame Wege. Die Spannweite ihres Vorgehens ist dabei recht groß, sie reicht von der rituellen Magie bis hin zur Theurgie (siehe auch Anhang), wie ich sie behaupte, nämlich als einen magisch fundierten Weg der Beschauung.

Inwieweit moderne Magier auch anarchisch sind, bleibt indessen zwiespältig. Zumindest geben sie sich in ihrer Abwendung von der Kirche mehrheitlich anarchisch. Wobei es auch eine traditionell christlich fundierte Magie gibt. Ihre Anhänger sind in der Regel sogar gute Kirchenmitglieder, die sich allerdings soviel Freigeist bewahren, dass sie auch unabhängig von kirchlichen Vorgaben, die magische Macht des Herrn beschwören. Bei anderen Magiern wiederum erschöpft sich das anarchische Element hauptsächlich auf den Gegensatz zur etablierten Religion; ansonsten ahmt man das religiöse Gehabe in Regeln und Organisation nach. Es gibt jedoch ebenso eine erkennbare Vielheit von Magiern, die frei genug sind, sich all den eingefahrenen Wegen zu entziehen und sich auf ganz eigene Weise dem Abenteuer der Magie und Mystik zu verschreiben. Sie sind fürwahr Theurgen oder anders gesagt echte spirituelle wie magische Anarchisten. Ihre Magie entfernt sich dabei am weitesten von den gewohnten Vorstellungen und Vorurteilen zum Thema.

Diesem regellosen Zugang zur Magie habe ich eine Nachbetrachtung gewidmet. Sie führt über die bislang skizzierte historische Entwicklung der Magie hinaus und vervollständigt somit diese Abhandlung um einen aktuellen wie zukunftsweisenden Aspekt.

Außerdem habe ich dieses Buch neben diversen Fußnoten um einen Anhang und ein Register ergänzt.

München, im Winter 2010
M.M.

Einführung

O vliess dess krause wellen bis zur schulter schäumen!
O locken von unbewusstem wolgeruch!
Verzückung! um zu wecken heut in düstren räumen
Erinnerungen die in diesem haare träumen
Will ich im wind es schwenken wie ein taschentuch.

Er wollte seinen Weg abkürzen, darum verließ er den Strand und wanderte in die Dünen hinein. Er wusste nicht, dass dort wilde Hunde lebten. Kaum hatte er die ersten Sandhöhen überschritten, verstummte das Wogen der See. Er ging weiter in die sandige Stille hinein und genoss die ungewohnte Einsamkeit. Als er die nächste Düne überschritt, sah er die beiden Wächterhunde. Er schritt auf sie zu, denn sein Weg führte ihn zwischen ihnen hindurch. Als er sich ihnen weiter näherte, gaben sie warnende Laute von sich, doch er ließ sich in seinem Weg nicht beirren und missachtete auch die vagen Bewegungen des Rudels, das sich aus dem warmen Sand erhob. Als ihn die Furcht erfasste, lagen noch etwa fünf Steinwürfe zwischen ihm und den Wächtern und er begriff, dass er die Grenze ihres Territoriums überschritten hatte. Die Hunde formierten sich und trotteten angriffslustig auf ihn zu. Jetzt zu fliehen, das wusste er, könnte lebensgefährlich werden. Also schritt er langsam weiter auf die Hunde zu. Dann, drei Steinwürfe mochten ihn noch von den Wächtern trennen, bückte er sich und griff nach einem trockenen Halm Dünengras. Das war das Zeichen für die Hunde, sich zurückzuziehen. Er aber blieb stehen, den Grashalm wie einen Prügel haltend, und wandte sich erst um, als die Hunde hinter dem sandigen Kamm verschwanden.

Ein erklärbares Geschehen, und in seiner Erklärbarkeit fern jeder Magie. Allein die Erklärung erklärt nicht die eigentliche Begebenheit. Denn was geschah, war zu beiden Seiten wirkende Magie. Ergriff er doch, indem er den Halm aufnahm, die Macht und wandelte sich augenblicklich vom Opfer zum Angreifer. In stillem Dialog sprang diese Macht von ihm über auf die Hunde und zurück auf ihn, bestärkte ihn und erlaubte ihm, sie durch sein Gehabe zu lenken. Auch wenn er nur einen Halm in Händen hielt, wusste er, dass dieser Halm ein Knüppel war. Sein Mut zum Zauber hob ihn in einen anderen Raum und er spürte, dass er in ihm unangreifbar war. Diese Verwandlung des Raumes aber war sowohl Magie als auch das Eigentliche des Geschehens.

In verwandtem Sinne sprechen wir im Alltag von Magie, sobald wir von einer Sache oder einem Wesen bezaubert sind oder uns davon verzaubert fühlen. Das Wort Magie verwenden wir hier als Metapher für ein Geschehen, das uns über den greifbaren Inhalt einer Begegnung hinaus erfasst. Nur – was erfasst uns? Sind wir diejenigen, die den Zauber projizieren und uns im Widerschein solch psychischer Kraft für den Augenblick verwandeln? Oder sind wir es, die uns von einem über der Begegnung schwebenden beziehungsweise aus ihr heraustretenden Zauber erfassen lassen respektive ihn erfassen, um im Zauberhaften zu sein? Oder aber sind wir im Zauber, da wir uns mit dem Wesen der Begegnung in einem magischen Raum erleben? In einem Raum, in dem die Begegnung ihre Polarität verliert und uns als *ein* Geschehen anmutet?

Es mögen dies also drei verschiedene Stimmungen respektive Möglichkeiten der Verzauberung sein, auf die wir uns einlassen können. Gleichzeitig sind es aber auch drei Zustände magischer Verfasstheit, die uns, sobald wir Magie verstehen oder uns mit ihr beschäftigen wollen, als grundlegende Temperamente immer wieder anrühren. Bleiben wir im ersten Fall noch von unserer Kraft in uns Ergriffene, sind wir im zweiten Greifende, um uns mit einer uns begegnenden Kraft zu verbinden. Im dritten Zustand aber greifen wir über uns hinaus, um uns in einer Sphäre zu erleben, die nicht mehr die unsere ist und uns gleichwohl in seltsamer Weise eigen scheint. Magie ist das eine wie das andere, egal ob wir ihr Wirken in unserer Psyche, im Reich der Dämonen oder in einem transzendenten Raum orten. Allerdings unterscheidet sich Magie nicht nur in solcherart Temperamenten, sondern auch in ihrem Zweck wie in ihrer Ausrichtung. Je nachdem, ob wir zum Guten oder zum Schaden hin zaubern, wecken wir oder verbinden uns mit Kräften, die unserer Magie über ihr Temperament hinaus eine eigene Stimmung respektive Farbe verleihen. Folgerichtig sprechen wir mal von schwarzer, mal von weißer Magie oder auch von Gottesdienst, für dessen rituellen Zauber wir den Begriff der Magie allerdings nur selten gelten lassen wollen.

Fragen wir uns daher: Was ist Magie?, so fragen wir einerseits sowohl nach ihrem Temperament und ihrer Farbe als auch nach dem Grund, aus dem heraus sie wirkt. Andererseits müssten wir uns, um die Antwort zu verstehen, zuvor ehrlicherweise fragen: Was war Magie? Denn schließlich ist Magie mit dem allgemeinen kulturellen Verlust, magisch zu denken, zumindest oberflächlich aus unserer Welt verschwunden. Stellen wir uns aber die Frage in diesem Sinne, fragen wir zugleich danach: Was kann Magie heute sein? Finden wir auf die beiden letzten Fragen eine Antwort, lösen wir womöglich auch die zuerst gestellte Frage, indem wir uns entgegen aller Vernunft eine Wandlung hin zum Magischen erlauben und hierdurch Antwort erfahren, anstatt sie zu finden. Dann aber werden wir entdecken, dass unsere Welt nur scheinbar ohne Magie ist; eine zwiespältige Entdeckung, so zwiespältig wie die Magie selbst, voll Schauder und Glück.

Insofern sollten wir den anhaltenden Verlust magischer Kultur in unserer westlichen Welt nicht passiv beklagen, sondern die Chance, die eine solche Entdeckung bietet, als eigenen Wert schätzen; denn indem wir mit der Magie etwas aufnehmen, was uns allgemein verloren gegangen ist, eröffnen wir uns die Möglichkeit, in gesunder Weise die sich widersprechenden Welten von Ratio und Irrationalität zu verknüpfen und hierdurch ein tieferes Verständnis in die verbindenden Strukturen beider Welten zu gewinnen. Unter diesem Gesichtspunkt scheint es auch unangebracht, die Einheit von gelebter Kultur und magischem Wirken andernorts wehmütig zu betrachten. Blickten wir etwa auf das Wirken des

Inuit-Schamanen, betrachteten wir die magische Kraft im Voodoo der Haitianer oder den Zauber des Macumba und Candomble Brasiliens, blieben wir stets Außenstehende. Denn wir könnten und wollten diese Einheit von Religion, Magie und geordnetem Alltag so bestimmt nicht wiederherstellen – ist doch unsere abendländische Magie seit der Zeitenwende „säkularisiert". Ein in Trance verfallendes Staatsorakel etwa, das unseren Kanzler berät, wie es für den Dalai Lama und die tibetische Exilregierung selbstverständlich ist, wäre für uns jedenfalls unvorstellbar.

Deshalb wollen wir uns hier auf der Suche nach der Magie nicht mit den magischen Traditionen anderer Kulturen beschäftigen. Gewiss ist die Welt andernorts um uns voll magischer Wirklichkeit, doch ist sie nun mal nicht die unsere. Wollen wir unser verschüttetes magisches Verständnis heben, nützt es uns deshalb wenig, die Ähnlichkeiten und verbindenden Qualitäten weltumspannender Magie zu protokollieren. Solches Tun wäre für eine vergleichende Geschichte magischer Vorstellung und psychischer Konditionierung über die Kulturen hinweg ein durchaus spannendes Unterfangen. Doch um für uns den Zugang zur Magie wieder freizulegen, sollten wir dort graben, wo seine Pforte liegt: hier im Abendland mit seiner jahrtausendealten magischen Tradition. Legen wir sie frei, heben wir einen beachtlichen Schatz, sofern wir es wie kundige Schatzgräber verstehen, das Edle vom Talmi zu trennen. Dass solche Schatzsuche eine überwiegend einsame Beschäftigung ist, liegt sicherlich auch an unserer abendländischen Tradition der Individualisation, die die Einzelerkenntnis als Moment der Persönlichkeitsbildung über den Gemeinsinn stellt; erkennen wir diese Tradition, anstatt zu lamentieren, gleichermaßen als Chance, die wieder beseelte Magie lebendig zu erhalten.

Ursprünge der Magie

Die schmachtend müde Asia und Afrika voll gluten
Ein ganzes weltall – fern fast wie aus einer gruft
Kann ich – aroma-wald! – in deinem grund vermuten.
Wie andre geister auf musik und stimmen fluten:
Der meine – o mein liebling – schwebt auf deinem duft.

1. Millionen Jahre alter Zauber

Verstehen wir Magie als Möglichkeit, Einfluss auf von der Natur einer Sache her an sich Unbeeinflussbares zu nehmen, dürfen wir mit gutem Grund annehmen, dass der Mensch von Anbeginn seines Werdens Magie als jene Dimension erfasste, die es ihm erlaubte, das scheinbar Unmögliche möglich zu machen. Mag diese Feststellung einerseits einen Widerspruch aufzeigen, so verweist dieser Widerspruch andererseits geradewegs auf eine Grundauffassung der Magie, nämlich das Denken in akausalen Paradoxien. Denken wir beispielsweise, dass uns hoffentlich keine schwarze Katze über den Weg laufen möge, und es geschieht just mit dem Gedanken, neigen wir dazu, beides miteinander als schicksalsträchtig zu deuten und den Zufall auszuschließen. Stößt uns daraufhin gar ein Unglück zu, erachten wir dies als folgerichtig. Solche Deutung widerspricht zwar jeder Vernunft, gleichwohl erscheint sie

Die Entwicklung der Religionen fußt auf dem magischen Weltbild des frühen Menschen. Aus anthropologischer Sicht lässt sich diese Weltsicht in drei Entwicklungsstufen beschreiben. Folgt man dieser Sichtweise, ließe sich Magie auch als der Archetyp von Religion auffassen, was zumindest die vielfältige magische Unterfütterung religiöser Rituale erklärbar macht.

PRÄANIMISMUS: *Umwelt und Selbst werden nicht als beseelt, sondern als von einer unfassbaren Macht durchdrungen verstanden, die sich in unterschiedlicher Dichte offenbart. Der Mensch erfasst seine Umwelt nicht als ein ihm Gegenübergestelltes, sondern empfindet sich als ein in die Welt unmittelbar Einge- bundener. Kommunikation ist ihm magische Handlung.*

ANIMATISMUS: *Hier erscheint die Umwelt dem Menschen als ebenso belebt wie er selbst. Er sieht sich als ein Lebender im Belebten. Eine Seelenvorstellung ist noch nicht ausgeprägt. Furcht, Schauder und Scheu prägen seinen Umgang mit seiner Welt. Magische Einflussnahme geschieht von Gleich zu Gleich.*

ANIMISMUS: *Hier vermischen sich die beiden oben genannten Sichtweisen mit der Vorstellung, dass der Mensch und die Dinge wie die Erscheinungen beseelt sind. Neben der eigenständigen Seele, die auch Geistwesen vorstellbar macht, wird eine alles durchdringende Anima (Hauch, Seele) gedacht. Der verstorbene Mensch lebt nach seinem Tode als Person oder Seele fort. Die ihm gehörenden Dinge tragen zu seinen Lebzeiten wie über seinen Tod hinaus seinen Geist in sich. Animistische Vorstellungen begegnen uns in mannigfaltigen magischen Ritualen.*

uns weniger paradox als vielmehr wie eine erfahrene Lebenswirklichkeit. Was letztlich aufzeigt, dass Magie in ihrem Kern irrational ist. Dennoch wähnt sich der magisch Denkende nicht jenseits der Vernunft, sondern in einer übergeordneten Sphäre des Verständnisses, in der Gemüt, Seele und Vernunft sich zu einer gültigen Schau verbinden. Insoweit dürfen wir Magie als die Ratio des Irrationalen verstehen.

Diese Widersprüchlichkeit war allerdings dem frühen Menschen fremd. Für ihn war die Welt magisch, ohne dass er über ihre Magie nachdenken musste. Er empfand sie durchdrungen von einer „ungreifbaren" Macht, gleichzeitig wähnte er sich in Kommunikation mit eben dieser Macht. Erleben, Handeln und Geschehen waren ihm eins, und so maß er seinem Handeln Einfluss auf seine Umwelt bei, so wie er sich gleichermaßen von dieser als umfasst empfand. Ein loderndes Holz, gegen ein heraufziehendes Gewitter geworfen, sollte mögliches Unheil bannen. Schlug dennoch der Blitz in seiner Nähe ein, fühlte er sich vom Ungreifbaren überwältigt und suchte den vom Blitz getroffenen Baum, um einen Splitter aus seiner Wunde zu nehmen und sich so die Kraft des Übermächtigen zu eigen zu machen.

Dass solch magisches Empfinden bereits vor rund zwei Millionen Jahren den Australopithecus[1] durchdrungen hatte, lässt der Fund des Makapansgat-Steines vermuten, den der südafrikanische Lehrer Wilfred Eitzman bei Grabungen 1925 entdeckte. Er fand im Makapantal im ehemaligen Transvaal in den zivilisatorischen Ablagerungsschichten einer Höhle neben den Knochenresten dieser Urmenschen auch einen knapp daumengroßen Stein, der durch eine Laune der Natur einem Gesicht glich. Dieser Stein wurde von den Australopitheciden von seiner ursprünglichen Lagerstätte über wenigstens fünf, wenn nicht gar 32 Kilometer in die Höhle

1 Die Australopitheciden zählen zu den Vormenschen und somit zu den frühesten Homiden. Ihr Gehirnvolumen war wenig größer als das heutiger Schimpansen. Ihr Vorkommen beschränkte sich auf den Osten und Süden des afrikanischen Kontinents. Sie lebten vor cirka 2 bis 4 Millionen Jahren.

getragen. Dass sie in ihm mehr als nur ein Abbild gesehen haben, lässt sich aus seiner polierten Oberfläche schließen, die durch den Abrieb vieler Hände entstand. Das Gesicht im Stein war diesen frühen Menschen ein Gegenüber und ebenso ein Gleiches und besaß somit eine magische Anziehung, der sie, um sie zu ergründen, offensichtlich mit ihren Händen immer wieder folgten.

Was diese Urmenschen tatsächlich bewegte und was sie sozusagen in den Stein imaginierten, bleibt letztlich Spekulation. Wir dürfen jedoch annehmen, dass sie aufgrund ihrer Eingebundenheit in die Welt und des daraus resultierenden symbiotisch-sympathetischen Grundgefühles ein „natürliches" Bewusstsein für Magie besaßen. Aufgrund ihrer Eingebundenheit in die Welt suchten sie noch keine Rückbindung im Sinne von religo (lat.; „zurückbinden")[1] und waren dementsprechend religionsfern, was wiederum den Schluss nahe legt, dass Magie und magisches Verständnis eine Vorstufe des Religiösen sind.

2. Der Schamane bewahrt den Zauber der Natur

Mit dem Tag, da der Mensch das „Paradies" und mit ihm das Bewusstsein für seine Eingebundenheit in die Welt verlor und sich als ein der Welt gegenübergestelltes Subjekt erkannte, dürfte auch die Magie mehr und mehr Regeln unterworfen worden sein. War dem Menschen magisches Tun zuvor noch unmittelbares Einwirken auf seine Welt, so stellte sich für ihn jetzt eine Distanz ein. Die Welt war ihm beseelt und mit der Vielfalt der Seelen um ihn erkannte er auch verschiedene Seelen in seiner Brust. Er erkannte sich als gut und böse, als furchtsam und mutig und jedes dieser Temperamente hatte auch seine Entsprechung in der Natur. Es waren diese Geister, die in ihm wirkten, und es waren diese

---

1 Diese heute vielfach verwendete etymologische Deutung geht auf den christlichen Schriftsteller Lactantius (um 250-320 n.Chr.) zurück, der die Wortwurzel von Religion auf religare = zurückbinden bezog.

Aspekte seines Geistes, durch die er wiederum diese Geister beeinflussen konnte, wirkte doch hierdurch Gleiches auf sich Gleichendes. Ein magisches Phänomen, das die späteren Alchemisten der Renaissance mit der Wendung „Wie oben, so unten" zum Kern ihrer Lehre von den Sympathien, Entsprechungen und Wahlverwandtschaften machten.

Und so wie es unter den Mitgliedern seiner Gruppe besonders gute Jäger gab, die die Fährten lesen konnten und die Eigenheiten des Wildes kannten, so gab es unter ihnen auch besonders Talentierte, die die Gesetze der Geister erkannten und um ihre Heimstatt sowie ihre Bedürfnisse wussten. Sie waren es, die diese Regeln in den Alltag trugen und bewahrten, um die Gruppe vor dem Unmut der Geister zu schützen. Und so fanden sie, wie es die Völkerkundler für uns rückblickend aus den polynesischen Kulturen ablasen, das Totemtier, in dem die Urseele des Stammes lebte, und diktierten die Tabus, die das Leben in der Gemeinschaft befriedeten. Denken wir an die Wappentiere, Fahnen und Hymnen heutiger Staaten, erkennen wir Reste solcher Totemkulte. Wir bewahren auch die Bedeutung der Tabus, indem wir in archaischer Manier die „Beleidigung" solcher Insignien unter Strafe stellen.

Diese „fühligen" Menschen vorzeitlicher Stämme waren unserem heutigen Verständnis nach Schamanen, die mit den Geistern und Seelen in Zwiesprache traten und sie durch ihre Beschwörungen zum Nutzen der Gemeinschaft zu bannen oder zu locken verstanden. Sie waren auch die ersten Träger einer Heilkunde. Indem sie Krankheit als einen den Menschen bedrängenden Geist verstanden, suchten sie einerseits die Entsprechung für diesen Geist in den Zeichen der Natur, um seiner Herr zu werden, wie sie andererseits auch die guten Geister in den Zeichen suchten, um sie dem kranken Menschen zuzuführen. Krankheit zu heilen und zu bannen war ihnen ebenso magische Handlung, wie Krankheit durch Zauber herbeizurufen. Auch heute lebt diese Sicht in uns fort, wie wir an den Wallfahrtskirchen und ihren Votivgaben unschwer erkennen können. Das kranke Glied wird hier vom Gläubigen als

Opfer gegeben, um im Ausgleich von der himmlischen Macht ein gesundes zu erhalten.

Wann dieser Fall aus paradiesischer Eingebundenheit als Wandel menschlicher Bewusstheit eintrat, liegt im Dunklen, doch dürfte er mehr als 300.000 Jahre zurückliegen. Haben wir doch mit der 1981 auf den Golanhöhen ausgegrabenen Venus von Berekhat Ram[1] ein ungefähr ebenso altes Fundstück aus der Zeit des Überganges vom Homo erectus zum Homo sapiens, das aufgrund seiner überproportional betonten Weiblichkeit als magisch genützte Kultfigur gedeutet wird.

3. Der Priester als Hüter der Magie

Durch die Vorstellung einer alles beseelenden Kraft angetrieben, begann der Mensch, die Götter zu suchen, und entdeckte sie im Götterhimmel. Hier wirkten die animistischen Vorstellungen einer vielfältigen Seele fort, indem sich die empfundene Agens[2] in zahlreichen Aspekten der Gottheit zum Pantheon vereinte. Gleichzeitig lebten die alten Geister als Dämonen fort, einerseits als Mittler zwischen Himmel und Erde, andererseits als Entwurzelte, die die neu entstandene göttliche Ordnung störten.

Die jungen Götter, vom Menschen belebt, waren diesem ähnlich, so wie er ihnen ähnlich war. Er empfand sich als ihr Geschöpf und trug somit einen Teil ihres Wesens mit sich. Mit den Göttern vergrößerte der Mensch auch seinen Abstand zur Natur, dafür aber fand er neue Wege und Regeln, sein Geschick zu lenken. Zwar war er noch immer ohnmächtig gegenüber dem Walten der Natur, doch mit der sich herausbildenden ritualisierten Magie wähnte er sich mächtig genug, ihr zu trotzen. Also schlug er nun nicht mehr die

---

1 Als noch älter wird die 1999 in Marokko gefundene Venus von Tan-Tan geschätzt. Beide Figuren scheinen ihrer geologischen Grundform nahe zu sein. Sie sind jedoch anders als der Makapansgat-Stein durch erkennbare Ritzungen und im Falle der Tan-Tan-Venus auch durch Farbaufträge nachbehandelt und akzentuiert worden.
2 Treibende Kraft; wirkendes Wesen oder Prinzip.

Trommel, um den Gewittersturm zu bannen, sondern opferte dem Gott des Blitzes, um diesen gnädig zu stimmen. Und wenn das nicht half, zwang er wie einst die babylonischen Beschwörungspriester die sieben bösen Winddämonen herbei, um durch sie den Gott zu nötigen, sein Opfer anzunehmen. Statt der Schamanen waren es nun also Priester, die um die Götter wussten und die ihrerseits zu Mittlern zwischen den Menschen und dem Unfassbaren wurden.

Die Mittel, mit denen die Priester den verbindenden Faden zwischen beiden Seiten woben, waren aus heutiger aufgeklärter Sicht finsterste Magie. Zugleich erkennen wir, sobald wir die heute praktizierte Magie betrachten, in ihr Rituale des Altertums wieder, die wir in sich gleichender Weise bei allen alten Kulturen rekonstruieren, sei es in der alten chinesischen Götterwelt, seien es die

DIE BABYLONISCHE BESCHWÖRUNGS- FORMEL FÜR DIE BÖSEN SIEBEN

Diese Formel wurde dem Beschwörungszeremoniell für einen erkrankten König vorangestellt, um die Gewalt der Dämonen zu brechen.

„Sieben sind sie. Sieben sind sie. In der Tiefe des Ozeans, sieben sind sie. Lagernd im Himmel, sieben sind sie. Nicht männlich sind sie, nicht weiblich sind sie. Sie, vernichtende Wirbelwinde sind sie. Ein Weib haben sie nicht genommen, Kinder haben sie nicht gezeugt. Schonung und Mitleid kennen sie nicht. Gebet und Flehen hören sie nicht. Rasende, die im Gebirge hausen, sind sie. Die feindlichen Gewalten des Ea[1] sind sie. Die Thronträger der Götter sind sie. Den Steig zu zerstören, treten sie auf die Straße. Böse sind sie. Böse sind sie. Sieben sind sie. Sieben sind sie. Zweimal sieben sind sie."

1 Ea = Herr der Wasser, Gott der Weisheit und Beschwörung.

unsere Kultur mitprägenden Assyrer und Ägypter oder die uns fremden indianischen Hochkulturen Amerikas. Welt- und Gotteserkenntnis waren ihr Antrieb und Magie ihre Ratio.

Also machten sich die Priester daran, die Zeichen der Götter zu studieren und zu systematisieren. Sie beobachteten die Sterne, maßen und strukturierten die Zeit, deuteten die Innereien der Opfertiere, betrieben Mathematik, um das Geheimnis der Zahlen zu lüften, und beobachteten wie ihre Ahnen die Natur um sich, um aus dem Flug der Vögel und den Windungen der Schlangen die Gunst der Stunde zu lesen. In allem sahen sie das Wirken der Götter und Dämonen und somit wussten sie, wann das Schicksal Fatum war und wann ihre Magie den Willen der Götter unterlaufen konnte. Und sollte es doch anders kommen, als der Zauber versprach, waren sie mit allerlei magischem Tand gerüstet, um sich und ihre Seele vor Unbilden zu schützen. So stellten beispielsweise die Sumerer Beterfiguren auf, die für sie stellvertretend beteten und so ihre eigenen Gebete bekräftigten. Ähnliches sehen wir heute noch in Tibet, wo zum selben Zweck Gebetsmühlen gedreht werden und Gebetsfahnen im Winde flattern. Waren die Priester dazumal auch Gaukler und Magier in einem, so war ihnen ihre Gaukelei kein Trug, sondern Inszenierung ihrer magischen Macht, um die Götter wie das Volk zu täuschen. Und da es praktisch keinen Lebensbereich gab, der nicht von den Göttern beschienen war, gehorchte auch das Leben von Sonnenauf- bis -untergang den magischen Gesetzen der Priesterschaft.

4. Mysterienspiele, die Verdichtung der Magie

Die Ausbildung zum Priester war im Altertum lange und intensiv und die Priesterweihe ein magisches Spektakel, bei dem der Adept, war er nicht ausreichend psychisch und physisch darauf vorbereitet, sein Leben verlieren konnte. Mag man diese Gefahr heute mit einer im Vorfeld der Einweihung beförderten extremen Affekti

Das Wort Magie *leitet sich vom altpersischen Wort* magi *für Priester ab. Herodot ortete diese Priesterkaste im Stamm der Meder aus der Gegend von Mada, im Nordwesten des heutigen Irans. In Anlehnung an die mesopotamische Priesterschaft verwandten die Griechen das Wort* mogos *für Zauberer, Astrologen und Weise – daher die biblischen Weisen aus dem Morgenland – und sagten* mageia *für zaubern. Die Römer nannten den Magier* magus *und seine Kunst* magia. *In unserem Wort* Macht, *englisch* might *und lateinisch* magnus *für groß und mächtig, entwickelte sich die Wortwurzel fort. Gottesbeschwörer, Priesterschaft und Macht stellen folglich den tieferen Wortsinn dar.*

~~~~~~

Anders das Wort zaubern. *Es leitet sich vom althochdeutschen* zoubar *und dem mittelniederdeutschen* tover, tober *ab. Die gemeinsame germanische Wurzel lautete* taubra. *Es waren auch die Bezeichnungen für Ocker, das als Rötel auch Ritualfarbe bei Beschwörungen war.*

vität erklären, mindert solche Deutung freilich nicht den solches Geschehen durchwirkenden tödlichen Zauber. Wer aber die Weihe glücklich durchschritten hatte, der hatte den Göttern ins Gesicht geblickt und war fortan, wenn schon kein Gewandelter, so doch ein Eingeweihter.

Der Schritt zu geheimen Mysterienkulten war darob nicht weit. Da die Kluft zu den Göttern fortbestand, nährte sie nur den Drang, sie zu überwinden. In ihrer Überwindung beflügelten sich dabei Priesterschaft und Gemeinde gegenseitig; die einen wollten hierfür in die Rolle des Gottes schlüpfen und die anderen ersehnten das Sakrament, um sich mit ihm im Glanz ihrer Elite selbst zu erhöhen, ein gleichermaßen magisches Wollen. Also wurden in Mysterienspielen wie etwa im ägyptischen Osiriskult die alten Mythen einerseits öffentlich inszeniert, um mit dem Volk die Rückkehr des Fruchtbarkeitgottes aus dem Totenreich zu feiern. Andererseits fand in den Tempeln hinter verschlossenen Türen das eigentliche Mysterium, nämlich der Tod der Gottheit und ihre Auferstehung, unter den Initiierten statt. Dazu schlüpften die Priester in die Maske Osiris' und durchlebten, wenn auch symbolisch, so doch mit ihrer ganzen Seele den Übergang des Gottes.

Andere Mysterien wurden ganz im Verborgenen abgehalten und stellten den Gipfel der Magie dar. Rauschdrogen, Ekstase, tierische und menschliche Blutopfer, ritueller Geschlechtsverkehr rüttelten an der Psyche der Beteiligten und hoben sie aus der Welt in Sphären himmlischer Glückseligkeit oder warfen sie in höllische Abgründe. Der Zweck solcher Magie, nämlich die Gottheit in sich zu beleben, sich solchermaßen selbst zu vergotten, heiligte den Eingeweihten jedes Mittel. Wie weit hierbei im sakralen magischen Ritual Grenzen überschritten und Tabus gebrochen wurden, mag man beispielhaft am Isiskult ablesen, bei dem der Initiand das Reich der ägyptischen Muttergöttin symbolisch abschritt und dabei in Blut badete und gleichsam durch Himmel und Hölle ging:

> *Sie reißen das Heil aus einer ungreifbaren leeren Tiefe; ihr Weg führt aus der Unterwelt, zu den Elementen, zu den gestirnten Mächten und zu inferi und superi[1], in das Gewirr der Mächte und Kräfte, die man nicht mit Händen fassen, die man nur ahnen und wissen, aber weder sehen noch greifen kann. Es ist ein Weg aus einer heimlichen in eine machtdurchglühte Welt, zwar noch ein Weg vorbei an Bildern, aber es ist schon gewiss, dass hinter den Bildern Kräfte stehen, dass dort das Eigentliche steht. Was aber dies feindlich Eigentliche ist - wer könnte es erklären?*

Peuckert, Geheimkulte, S. 520

1 Unten und oben, Unterwelt und Höchstes.

5. Magie, eine ewig alte, immer neue Kunst

Betrachten wir die Entfaltung der Magie vor der Zeitenwende in all ihren Aspekten, vom simplen Talisman, dem Gesund- und Schadenszauber, über die Wahrsagekunst bis hin zu den Mysterienkulten, so war zu dieser Zeit im Grunde bereits alles gedacht und hervorgebracht, was uns auch heute noch an ihr bewegt. Von daher kann man die Magie, welcher Farbe und welchem Dämonen auch immer sich ihre Adepten verschrieben haben mögen, als eine abgeschlossene und in sich „gekapselte" Kunst bezeichnen. Betrachten wir das magische Tun heutiger Magier, erkennen wir rasch, dass die meisten von ihnen in der Tat in ihrem Denken wie in ihren Ritualen rückwärts gewandt sind und lediglich den jahrtausendealten Zauber wiederholen.

Gleichwohl ist die betriebene Magie lebendig und wirksam, sind doch die Gründe, warum sich Menschen der Magie zuwenden, heute die gleichen wie einst. Noch wirken die unterschiedlichsten Temperamente der Ahnen in unserer Brust und scheinen uns wie zu alten Zeiten unsere Seelen häufig von einem Reigen guter und schlechter Dämonen umspielt zu sein. Entsprechend offen sind wir auch magischen Einflüssen gegenüber geblieben, sei es das Spiel mit dem Horoskop, der beschwörende Glückwunsch zu jeder sich bietenden Gelegenheit oder, seltener, der rituelle Zauber zu Taufen, Hochzeiten und Beerdigungen. Blicken wir auf die Feste des Jahreskreises, erkennen wir auch hier, wie die alte Magie in versteckten Schutz- und Opferritualen in alter Lebendigkeit hinter dem Brauchtum hervorscheint.

Die Kluft zur wirkenden Macht der Magie ist für uns zwar größer geworden, aber das Gefühl der Ohnmacht, das wir einst durch Magie bezwangen, hat sich nicht erübrigt. Dank unserer aufgeklärten Weltsicht rückten die Götter noch weiter von uns ab; und wähnen wir uns inzwischen auch mächtig gegenüber der Natur, so empfinden wir uns dafür der Welt in ihrer Unübersichtlichkeit und Undurchschaubarkeit gegenüber doch ohnmächtig; die einst

DIE WIRKEBENEN DER MAGIE

KÖRPER: *Es ist ein sinnliches Erleben magischen Wirkens. Körper und Umwelt treten in Kommunikation, reagieren aufeinander und werden als ein Miteinander wahrgenommen. Magisches Wollen und Wirken bedarf der Berührung. Die Heilkräuterkunde zählt hierzu ebenso wie die Psychometrie, die übersinnliche Wahrnehmung mittels kontaktstiftender Gegenstände.*

PSYCHE: *Der Zauber wird als beglückende, stärkende, schwächende oder bedrängende Gemütsbewegung empfunden. Die Psyche kommuniziert mit sich selbst oder unserer Mitwelt über Eingebung und Empfindung. Autosuggestion, Traumbilder, Trance, Ekstase sind die vertrautesten Medien dieser magischen Sphäre. Die Sprache der Psyche findet im Ritual ihren Ausdruck. Körper und Psyche verbinden sich hierbei meist.*

ENERGIE: *Kraft oder Schwingung sind weitere Bezeichnungen für dieses unfassbare Wirken, das wir dem Geist zuordnen und das sich uns über Körper und Psyche mitteilt. Der Austausch findet über eine transzendente Sphäre statt, die sich uns erkennbar als Atmosphäre mitteilt. Hierzu zählt insbesondere die rituelle oder zeremonielle Magie. Als kommunizierendes Medium zu dieser Sphäre wird ein höheres Selbst im Menschen angenommen.*

RAUM: *Diese Sphäre ist am ehesten als ein Seinszustand oder Allverbundenheit zu verstehen. Selbst, magische Sphäre und magisches Wirken sind eins. Es ist eine Magie ohne explizites magisches Tun respektive eine regellose Magie. Das Wollen des Adepten ist zugleich sein Wirken und umgekehrt. Wollen und Wirken werden durch den Raum determiniert. Die Wahrnehmung des Raumes wird häufig als höchste Initiation oder Erleuchtung und seine Wirkung als Führung verstanden.*

natürlichen Bedrohungen wurden durch zivilisatorische Bedrohungen ersetzt. Die alte magische Mächtigkeit und Eingebundenheit wieder zu erlangen, steht zunächst unsere Ratio entgegen. Ratio und Magie miteinander zu verschränken, ohne das eine aufzugeben und das andere auszuschlagen, kann jedoch ein Ansatz sein für eine neue Magie. Entsprechende Versuche können wir auch beobachten, wenn wir an die Bemühungen der Philosophen und Physiker im Zuge des New Age[1] (siehe auch Anhang) denken, eine neue Metaphysik respektive Pansophie zu entwickeln, die modernes Weltbild und alte Spiritualität in Einklang brächte. Es ist der Versuch, den Homo divinans mit dem Homo faber[2] die zwei zerstrittenen Brüder in uns zu versöhnen.

Dann aber mögen wir entdecken, dass es die Macht der Magie nicht deshalb gibt, weil wir von ihr sprechen, sondern allein dadurch, dass wir sie, uns auf sie einlassend, kreieren. Nur durch diese schöpferische Leistung können wir uns den übergreifenden Raum erschließen, in dem die Magie von Anbeginn an waltet. In diesem Raum blüht sie wie eine Blume am Wegrand, ganz unabhängig davon, ob jemand ihre Schönheit sieht oder nicht.

1 New Age ist die Bezeichnung für die esoterische Bewegung im letzten Drittel des 20. Jahrhunderts, die behauptete mit dem Beginn des astrologischen Wassermannzeitalters würde auch eine geistige Zeitenwende anbrechen. Einige Wissenschaftler wie die Physiker David Bohm, Fritjof Capra oder der Biologe Rupert Sheldrake widmeten sich am Rande dieser Bewegung grenzwissenschaftlichen und spirituellen Themen. Damit boten sie den Esoterikern zeitgemäße, an die Naturwissenschaften angelehnte Theorien, mit denen diese ihre Ideen pseudowissenschaftlich unterfütterten.
2 Homo divinans = der magische Mensch; Homo faber = der technische Mensch

Die Verdrängung der Magie von den Altären

Dort flieg ich hin wo baum wie mensch mit reicherm samen
Im heissen himmelsstrich sich dehnt zu langer rast.
Ihr flechten seid die wogen die mich mit sich nahmen
Du fassest – meer von ebenholz – in lichtem rahmen
Den traum von segel ruder flammenschein und mast.

War die Magie bereits vor der Zeitenwende längst eine ausgereifte und in sich geschlossene Kunst, wandelte sie sich alsbald zu einer daniederliegenden blutleeren Kunst. Durch den Aufstieg des Römischen Reiches zur Weltmacht verloren die alten Götter der Vasallenstaaten ihre Kraft. So verstanden etwa die ägyptischen Priester ihre Magie zunehmend als eine gut bezahlte weltliche Dienstleistung für das abergläubische Volk. Mit dieser Säkularisierung blühte auch das Geschäft der Laienpriester und Hinterhofmagier. Glücks-, Schadens- und Liebeszauber, Wahrsagerei und Totenbeschwörung wurden in einer Zeit absonderlicher Weltuntergangsstimmung allenthalben nachgefragt. Die Magie verkam zum Hokuspokus.

Gleichzeitig richtete sich der Blick der Gebildeten eher auf das Diesseits und die Mittel der Vernunft, um sein Geschick zu formen. Es waren vor allem die Stoiker, die dem gemeinen Hokuspokus Erkenntnis und Vernunft entgegensetzten. Sie kehrten den Götterhimmel aus und ließen die Gottheit als Logos in der Welt walten. Naturerkenntnis wurde ihnen zur Gotteserkenntnis. Da war kein Platz mehr für Magie. Vielmehr wurde ein neuer Raum geschaffen, um in praktischer Lebensgestaltung der göttlichen Kraft zu folgen, die das Geschick wie die Gesetze der Natur lenkte. „Was dir angemessen ist, oh Weltordnung, das ist auch mir angemessen", meinte dazu der große durch das Denken der Stoiker beeinflusste Kaiser Mark Aurel (121–180 n. Chr.).

1. Die Neuplatoniker, Magier der Neuzeit

Der Niedergang der Magie einerseits und die Herrschaft der Ratio andererseits nährten indes bei vielen Menschen das Verlangen, die verlorene Dimension der Magie wieder einzurichten. Der aufkommende und sich der Stoa entgegenstellende Neuplatonismus konnte diese Sehnsucht befriedigen, indem er der alten magischen Kunst eine neue Weltsicht zur Seite stellte. Die Welt war diesen Denkern ein Ausfluss des Göttlichen, sie nannten sie Monade[1], die in mehreren aufeinander bezogenen Sphären gerann, bis hinein in die Niederungen irdischer Existenz. Die menschliche Seele aber blieb mit dem Göttlichen verbunden und es war die Aufgabe des Menschen, sie in das ursprünglich Eine zurückzuführen. Einkehr, Kontemplation und lauterer Lebenswandel waren für diese

---

1 Monade (vom griech. monas=Einheit) bedeutet das Einfache, Unteilbare. In der Antike bezeichnete sie den Ursprung aller Zahlen. Von daher war die Vorstellung von der Entwicklung der Welt als die Entstehung des Vielfältigen im Einen naheliegend. Leibniz (1646-1716) philosophierte dahingehend über eine Monadologie, eine nichtstoffliche Grundsubstanz, die in sich verschieden wird, indem sie die Welt in verschiedener stets gültiger Weise – als Spiegel des ganzen Universums – aufnimmt. Letztlich wirkt sie, derart selbst beseelt, als Verbindung zwischen Körper und Geist.

Rückbindung das eine. Doch war dies nicht genug. Die Beschwörung der Wesen höherer Sphären zählte mit zum Handwerk, um auf dem Erkenntnisweg voranzukommen.

Es war vor allem der Neuplatoniker Plotin (203–270 n. Chr.), der es verstand, diesem Rückgriff auf Platons Ideenlehre einen neuen, zeitgemäßen Überbau zu verleihen. Er trennte die Welt, auch wenn sie ihm Ausfluss des Einen war, in Geist und Stoff. Das eine war ihm beseelt und zur Erkenntnis fähig und daher prinzipiell gut, das andere war zur Erkenntnis unfähiger Körper und in sich ausnahmslos böse. Als Beweger allen Seelischen, für das er eine Weltseele annahm, erkannte er das absolute Eine, den Urquell allen Seins, jenseits aller Erkenntnis. Sinn seiner Magie, die er als eine „natürliche" Magie verstand, war es daher, durch Hinwendung an die höheren Geister selbst zu höherer und letztlich zu ebenjener absoluten Erkenntnis jenseits aller Magie zu gelangen. Seine Magie war ihm Gottesdienst respektive Theurgie. Und so meinte er auch angesichts seines Todes: „Ich suche jetzt eben den Gott in mir zu der in dem Universum befindlichen Gottheit zurückzuführen."

Plotin philosophierte nicht nur, sondern schuf mit seinem Denkgebäude eine neue Mystik, die nicht nur den späteren Kirchenlehrer Augustinus beeinflusste, sondern deren verhaltene und doch für so wirksam erachtete Magie auch von den mittelalterlichen Denkern und Naturforschern wie Albertus Magnus bis hin zu den Alchemisten wie Agrippa von Nettesheim und Paracelsus aufgegriffen wurde. Zudem wirken seine Magie und insbesondere die magisch mystischen Vorstellungen seiner Nachfolger bis in unsere Zeit hinein.

Es waren vor allem Porphyrios (um 232–304) und Jamblichos († 330), die die himmlischen Sphären mit Dämonen, Engeln und Göttern beseelten, um so der mystischen Schau mehr Volksnähe zu verschaffen. Der letzte große neuplatonische Denker Proklus (410–485) schuf durch die Hinzunahme von Henaden, dem höchsten respektive ersten Ausfluss aus dem Ureinen, quasi ein neues Pantheon und kreierte darüber hinaus weitere Heerscharen an Engeln und Geiſtwesen, die die Seelen in höhere Sphären zu führen vermochten.

⫸ DIE MAGIE DER PLATONIKER ⫷

Im Wesentlichen wandten sich die Neuplatoniker folgenden drei Formen der Magie zu:

THEURGIE: *Damit ist eine mystisch rituelle Magie gemeint, durch die Geister und Engel als Mittler zu den Göttern beschworen werden. Im späteren Mittelalter gilt diese Magie als weiße Magie, indes die Neuplatoniker durch diese Magie auch die Götter zu zwingen wussten. Die Namen der Mittler waren nur dem Eingeweihten und häufig nur dem Magus allein bekannt.*

MANTIK: *Damit sind alle Weissagungskünste gemeint. Das eigene Geschick wie die göttliche Voraussicht im Allgemeinen zu erkennen, ist der Zweck dieser Magie. Als Ausweis magischer Größe angesehen, wurde ihr von jeher besondere Beachtung geschenkt. Methoden der Theurgie wie Goëtie fließen hier zusammen. Häufig ging ein mantisches Ritual dem eigentlichen Zauber voraus, um dessen beabsichtigte Wirkung nicht zu schmälern.*

GOËTIE: *Dies ist die „faustische" Magie, in der sich der Magus mit den abgefallenen Geistern und bösen Dämonen verbindet, um zu höchster Erkenntnis zu gelangen. Sie wird als schwarze Magie verstanden. Totenbeschwörung und blasphemische Riten zählen mit zu ihren Praktiken. Zwei Ziele kennt diese Form der Magie. Einmal ist sie ein Weg der Selbstvergottung, im Gegensatz zum theurgischen Streben, im Numinosen aufzugehen. Ein andermal ist sie der Weg durch die Hölle, um in der Dunkelheit das eigene Licht zu erkennen und zu befreien.*

Zwei Momente mochten das Bemühen genährt haben, mit immer neueren Sphären die Entfernung zwischen der irdischen Seele und dem absolut Transzendenten zu „graduieren". Der eine war die Hoffnung, hierdurch das Unerklärliche etwas näher zu rücken und dadurch erklärbarer zu machen; der andere lag im Eifer der Sphärenschöpfer, denn mit jeder verkündeten Einsicht in neue Sphären bewiesen sie sich voreinander ihre magische Meisterschaft und Größe. Ein Phänomen, das auch heute wieder immer neue magisch mystische Schulen entstehen lässt, die sich mit immer verwegeneren Kosmogonien gegenseitig überbieten. Wobei am Ende doch nur alter Wein aus neuen Schläuchen gegossen wird.

Mit den Heerscharen der fantasierten Mittler zwischen Himmel und Erde verästelte sich aber auch die gerade neu belebte und so edel verhaltene Magie ins Unüberschaubare und öffnete sich darob für so manchen Hokuspokus. Ihre Mysterien inszenierten sie mit allerlei schwarzkünstlerischen Bühnentricks: Türen sprangen auf und zu, Geister erschienen und verschwanden, Feuer fiel von der Decke und dergleichen Trickserei mehr. Es war ein Weg zurück ins alte Fahrwasser gehaltloser Magie. Diese Tendenzen entstanden wohl aus der Konkurrenz zu den sich rasch verbreitenden gnostischen Sekten, förderten deren Einfluss aber eher, als ihn zu verringern.

Schließlich löste im Jahre 529 der oströmische Kaiser Justinian I. (reg. 527–565 n.Chr.) die Akademie Platos in Athen wegen fortgesetzter Häresie auf, was das Ende der neuplatonischen Schulen bedeutete. Das theosophische Spekulieren über Gott und die Natur war von nun an eine rein christliche Angelegenheit und die Ausübung der Magie war nur noch im eingeschränkten Rahmen der Theurgie und Naturmagie eine unverfängliche Beschäftigung.

2. Die weltverneinende Magie der Gnostiker

Die gnostische Lehre (Gnosis = Erkenntnis) entwickelte sich um die Zeitenwende in den sich auflösenden Kulturen im Osten des Römischen Reiches, vornehmlich in Ägypten und Palästina.

Die Anhänger dieser Lehre nannten sich selbst „Gnostiker", das heißt „Wissende".

DIE SPIRITUELLEN GRADE DER GNOSTIKER

Die Anhängerschaft der Gnostiker teilte die Menschen in drei verschiedene spirituelle Grade ein:

PNEUMATIKER: *Sie sind die Träger der Gnosis, die Wissenden, die der letzten Erkenntnis teilhaftig sind. Sie zählen zu den Erlösten, deren lichter Seelenfunke mit dem Ende der Welt ins göttliche Licht eingehen wird. Sie konnten sowohl ein Leben in Askese als auch ein Leben im permanenten Tabubruch wider alle Moral führen. Beide Lebensweisen schienen ihnen geeignet, die Macht des Demiurgen und der Finsternis zu brechen. Der Spruch heutiger Schwarzmagier: „Tue was du willst" war ihnen bereits geläufig und findet sich als Graffito in den Ruinen antiker Städte.*

PSYCHIKER: *Dies waren Menschen, die zwar das göttliche Licht in sich trugen, jedoch zur Gnosis nicht befähigt waren, da sie noch die Finsternis ummantelte. Ihre Seele musste erst wiedergeboren werden, um zur Erkenntnis zu gelangen. Als Psychiker galten den Gnostikern vor allem ihre christlichen Mitbrüder in der katholischen Kirche.*

HYLIKER: *Diese Menschen waren in den Augen der Gnostiker nur fleischliche Wesen, aus der Finsternis geformt und fern jedem Licht. Folglich gab es für sie auch keine Möglichkeit der Erlösung; so galten ihnen etwa die Juden, da sie am alten bösen Gott, dem Demiurgen, festhielten, als solch unerlösbare Wesen. Und da ihnen alles Weibliche ein Teil der Finsternis war, betrachteten sie auch die Frauen tendenziell als Hyliker.*

Entstanden ist die gnostische Lehre in einer Zeit hysterischer Weltuntergangsstimmung. Die alten Götter hatten ihre Macht verloren, die neuen Götter brachten kein Heil, sondern nur Knechtschaft unter einem fremden Regime. Dementsprechend basierte die Lehre der Gnostiker auf einem krassen Dualismus, bei dem eine verworfene und durch und durch böse materielle Welt, die Welt der Finsternis, einer vom Licht regierten sphärischen Welt, dem Reich des wahren Schöpfergottes, gegenüberstand; hier also die sinnliche Welt als ein elender Ort der Finsternis, dort die spirituelle Sphäre eines urgründigen fernen Seienden als das einzige und wahre Heil. Dieses unverfälschte Seiende dachte man sich als Syzygie[1], also als eine letztlich geschlechtslose göttliche Einheit, in der sich das Männliche und das Weibliche vereinte. Entstanden ist die sinnliche Welt durch den Abfall der Sophia aus dem uranfänglichen Einen, vergleichbar mit dem biblischen Höllensturz des Luzifers. Dabei wurde die Sophia als ein weiblicher Aspekt der ursprünglichen Syzygie aufgefasst.

In einer komplizierten Kosmogonie ergoss sich in der Folge dieses Abfalls ein Teil des ursprünglichen Lichtes in immer neue Sphären, in denen sich Licht und Finsternis ein ums andere Mal stärker vermischten. Hierbei verlor sich das Licht mehr und mehr, bis es schließlich als Seelenfunke im Menschen gerann. So entstand ein vielstufig gegliederter und in sich verknüpfter Kosmos, gegen den die 365 Himmel der späten Neuplatoniker noch eine überschaubare Welt waren. Die die höheren Sphären durchwirkenden Geister, Engel und göttlichen Wesen[2] im Weltbild der Gnos-

---

1 Mit Syzygie bezeichnet man auch die astronomische gleichzeitige Konjunktion und Opposition zweier Gestirne; im speziellen die Zeiten des Eintritts von Neu- und Vollmond. Symbolisch ist diese Konstellation die Vereinigung des männlichen und weiblichen Prinzips – Sonne und Mond – . Am idealsten geschieht sie bei Sonnen- und Mondfinsternissen.
2 Die Gnostiker nannten sie Äonen (der Äon, griech. = Ewigkeit, Dauer der kosmischen Zeit) und zählten für gewöhnlich 30 von ihnen. Sie entsprachen himmlischen Sphären mit wesenhaften Eigenschaften, die als Welten verstanden wurden. Indem sie dem Höchsten dienten, erhöhten sie es zugleich ins Unbegreifliche.

tiker sind deshalb Legion. Sie alle tragen mehr oder minder große Anteile des Lichtes in sich und streben zurück nach der Welt
reinen Lichtes. Doch nur wenn das ausgegossene Licht als Ganzes
heimkehrt, wird der Kampf gegen die Finsternis gewonnen sein
und der Himmel seinen Frieden finden. Dann wird die irdische
Welt als eine in Finsternis und Gottlosigkeit versunkene und ausschließlich von Hylikern belebte Welt zurückbleiben.

Die Vorstellungswelt der Gnostiker fiel auf fruchtbaren Boden
und entwickelte sich in verschiedene Kulturen hinein. So war etwa
der von der iranischen Kultur inspirierte Manichäismus im 3. Jahrhundert eine die alte Welt umspannende bis weit nach Mittelasien
hineinwirkende Weltreligion, die das Christentum in ernsthafte
Bedrängnis brachte. Auf dem Balkan hielt sich die manichäische
Sekte der Bogumilen, die auch dem Satan in Gestalt des jüdischen
Gottes, dem Gott des Alten Testamentes, opferte, um die Finsternis zu beschwichtigen, bis ins 15. Jahrhundert. In unseren Kulturkreis wirkten jedoch in erster Linie die christlichen Gnostiker
hinein, die mit zu den Urchristen zählen. Erst im Jahre 144 kam
es zu einem ersten Schisma, bei dem die Sekte der Markoniten von
den Urchristen ausgestoßen wurde und die katholische Kirche als
die sich universal verstehende Kirche entstand.

Streitpunkt war die Vorstellung der christlichen Gnostiker, dass
die böse Welt vom Gott des Alten Testamentes geschaffen wurde.
Sie nannten ihn den Demiurgen (siehe auch Anhang), den Weltbaumeister, und verstanden ihn als eine Monade der Sophia. Er war
für sie ein Gott der Finsternis, der das Seelenlicht für ewig in der
Materie einschließen wollte. In Christus aber sahen sie den Gesand-
ten des wahren Gottes, den Sammler, der den Himmel durchbrechen und die erleuchteten Seelen zurückführen würde. Ein in der
Tat – auch unter Brüdern im Geiste – unüberbrückbarer Gegensatz, in dessen später Folge unermessliches Leid über abertausen-
de Menschen kam, die als Ketzer und Hexen getötet wurden.

Da die gnostische Schau jedem Pneumatiker möglich war, konnte auch ein jeder auf seine Weise die Wahrheit sehen und beschrei-

ben. Dementsprechend entstanden zahlreiche gnostische Sekten, die sich auf verschiedene Deutungen der Welt und auf verschiedene meist von ihren Gründern geschriebene Evangelien stützten. So widmeten sich nicht alle christlichen Gnostiker der Magie und die, die es taten, verfolgten mit ihr entsprechend unterschiedliche Ziele. Da beschworen die einen Geistwesen, um durch ihre Vermittlung ihre mystische Schau in theurgischer Weise zu vertiefen, während sie gleichzeitig immer neue Schutz- und Bannrituale erfanden, um sich vor den Teufeln der Finsternis zu schützen. Andere wieder öffneten sich für eine gänzlich neue Dimension der Magie. Ihr Bestreben war es, die Herrschaft des Demiurgen, des bösen Abgottes, zu brechen und hierdurch die Psychiker rascher zur Gnosis zu führen, um das endgültige Lösen des Lichtes aus dem irdischen Jammertal zu beschleunigen.

Also trafen sie sich in ihren Zirkeln und begingen ihre Rituale, in denen sie die Lichtdämonen herbeizitierten, auf dass diese sie gegen die Schöpfung des Demiurgen rüsteten. Sie sollten ihnen Schutz bieten, sobald sie sich während ihrer Mysterien miteinander vermischten, um zum einen die Syzygie zu inszenieren und zum anderen den Zeugungsakt zu verhöhnen. Dem Demiurgen kein Kind zu schenken, das war ihr Wahlspruch, galt es doch den Kreis qualvoller Wiedergeburten zu durchbrechen. Wer es wie sie wagte, in seinem jetzigen Leben durch die größte Finsternis zu gehen, alle verbotenen Begierden zu kosten, der warf auch alle Fesseln von sich und war fortan ein Befreiter. Der vergossene Samen wurde ihnen so zum Sakrament. Auch ein herbeigeführter Abort war ihnen ebenso ein heiliger Akt wie die Kindstötung oder der inzestuöse Verkehr, um das Licht zu befreien. Solche Praktiken wurden insbesondere den Ophiten, den Schlangengnostikern, und den Barbelognostikern, den Spermagnostikern, nachgesagt.

Es war eine satanische Magie, die hier kreiert wurde. Als Vorwurf gegen die Hexen und Ketzer des Mittelalters begegnet uns solches Treiben wieder und mit dem Entstehen des modernen

Satanismus ist es zweifelsohne wieder in der Welt. Auch die „Ekelmagie" heutiger Satanisten, die von Exkrementen kosten oder sie unter ihre Speisen mengen, hat ihren Ursprung in den Wirren gnostischer Sektiererei. Meinten sie doch einst mit Valentinos († nach 160) : „Er (Jesus) aß und trank auf eine ganz besondere Weise. Er gab nämlich Speise nicht wieder von sich" Hörmann, Gnosis, S. 227). Also suchten sie in magischer Manier in den Exkrementen nach dem Stoff, der ihrer Seele göttliche Ewigkeit verlieh. Tausend Jahre später taten es ihnen unter den Alchemisten die „Stercoristen", Fäkalmagier, gleich.

3. Das Ende der antiken Zauberei

Dem magischen Treiben der in sich zersplitterten gnostischen Sekten stand die Geschlossenheit der katholischen Kirche gegenüber. Folglich war es nur eine Frage der Zeit, bis diese die Gnostiker verdrängte und ihre Gemeinden durch die weltliche Macht aufgelöst wurden. Die Gnostiker aber ließen nicht ab von ihrem Glauben, sondern pflegten ihn im Verborgenen. Es begann ein zäher tausendjähriger Kampf der Kirche wider die Ketzerei und für den Erhalt der ihr zugewachsenen weltlichen Macht. Immer wieder entstanden gnostische Gemeinden, wie die Albigenser, die ab 1209 in einem zwanzigjährigen Kreuzzug vernichtet wurden, oder die Katharer[1], die der Inquisition anheim fielen. Danach hielten sich nur noch vereinzelt regionale gnostische Sekten, etwa die Bogumilen, die im 15. Jahrhundert unter den Türken lieber zum Islam übertraten, als sich der Kirche zu beugen.

Seit dem Kreuzzug gegen die Albigenser war magisches Tun ein lebensgefährliches Unterfangen. Selbst harmloser Liebeszauber oder Wahrsagerei wurden von der Inquisition unbarmherzig verfolgt. Die Magie verschwand darauf – und verschwand nicht; denn durch die panisch genährte Furcht vor jeder Magie und

---

1 Nach den Katharern wurden alsbald auch alle anderen Häretiker als Ketzer bezeichnet.

Hexerei, war sie vielen Menschen gegenwärtiger als je zuvor, auch wenn sie nicht praktiziert wurde. Dies wiederum nährte ein krudes Verständnis der Magie, das sich im volkstümlichen Zauber niederschlug und mit zum Bild der Kröten und Schlangen kochenden und Kinder schächtenden Hexe beitrug. Im Übrigen auch dies ein Bild wahrer Teufelsbrut und eingefleischter Furcht vor den gnostischen Ketzern: Vermengt sich doch mit dem Bild von Kröte und Schlange die Gebärmutter mit dem Glied des Teufels, worauf durch das hinzugegossene Kindsblut ein die Christenseelen hetzender Dämon entsteht.

Bedenkt man den Wettstreit zwischen Kirche und Gnosis um die wahre Deutung des Christus und seiner Lehre, mag einen solche Verdammung und Verdrängung der Magie kaum verwun-

≈ DÄMONEN ≈

Dämonen sind erst mit der Ausbreitung des Christentums zu gottfernen, satanischen Wesenheiten geworden. Davor waren Dämonen eher unserer Engelsvorstellung verwandt, auch wenn es unter ihnen durchaus bösartige Dämonen gab. Meist wurden den Dämonen Temperamente alter, der jeweiligen Kultur vorangegangener Götter zugeschrieben. Dank dieser Eigenschaft galten sie als ideale Mittler zwischen den regierenden Göttern und den Menschen, vergleichbar den Heiligen der katholischen Kirche, in deren Patronaten wir teilweise ähnlich „adaptive" Züge erkennen können.

Der Begriff Dämon als „böser Geist" wurde im 15. Jahrhundert geprägt. Er gründet auf daimon (griech.) und daemon (lat.), womit ursprünglich jedes Wirken eines Gottes bezeichnet wurde. In der heutigen Magie wird der Begriff wieder vermehrt in diesem ursprünglichen Sinn gesprochen.

dern. Allerdings beginnt die massive Hexenverfolgung erst nach der Reformation, wobei sich Katholiken und Protestanten hier in nichts nachstanden. So meinte Luther, nachdem er schon mal dem Teufel ein Tintenglas nachwarf, 1526 in Wittenberg bei einer Predigt über Exodus 22, 18: „Es ist ein überaus gerechtes Gesetz, dass die Zauberinnen getötet werden, denn sie richten viel Schaden an..." (Trevor-Roper, S. 129). Hinter diesem Wüten mag man auch angesichts des gerade erlittenen Schismas die alte Furcht vor der Popularität der Gnosis vermuten, stand doch die damalige Welt mit dem Dreißigjährigen Krieg wieder einmal vor ihrem Untergang. Bei alledem sollte man bedenken: Es ist gerade nur wenig mehr als 200 Jahre her, dass die letzte Hexe in Europa verbrannt wurde[1].

4. Die Wiedergeburt der Magie im späten Mittelalter

Ein unverkennbar magisch inspiriertes Geschehen beschließt alljährlich die Weihnachtsfeierlichkeiten, das Fest Epiphanias, die Menschwerdung Gottes zum Dreikönigstag. Im Englischen heißen die Heiligen Drei Könige heute noch „the three Magic", die drei Magier; denn die Weisen aus dem Morgenland, die den Gottessohn auf Erden als erste bezeugten, waren Chaldäer, Zauberer aus dem alten Babylon. Sie deuteten die Sterne und wussten so um die bevorstehende Geburt des Heilands. Die von Bibel und Kirche verteufelte Sterndeuterei also war es, die zu dieser ersten Bezeugung des Christus führte. Womöglich war es dieses biblische Ereignis, das das ambivalente Verhältnis der Kirche zur Magie begründete, die zwar die Magie verdammte, sie aber gleichwohl duldete, solange sie auch nur entfernt der Gotteserkenntnis diente. Jedenfalls

---

1 Die letzte offizielle Hexenhinrichtung in Europa fand 1782 im Kanton Glarus statt. Die vielfach zitierte letzte Hexenverbrennung in Posen 1792 war vermutlich illegal. Allerdings finden heute in manchen Ländern in Afrika wieder Hexenverfolgungen statt; hunderte Frauen und Männer wurden dort bereits wegen vermeintlichem Schadenszauber ermordet.

lässt sich der dogmatische Zwiespalt nicht aus der unverkennbaren Magie kirchlicher Rituale und Heiligenwunder ableiten, erachtete man doch dieserart Wirken seit je als sakramental und fernab von jedem menschlich bewirkten Zauber. Andererseits betätigten sich die Mönche und Priester durchaus auch als Magier und bedienten damit ein Bedürfnis der Bevölkerung, auch wenn sie ihr Tun höchst selten in solcher Weise verstanden.

> *Gelegentlich griff auch die Kirche auf die verpönte Magie zurück, um eine Hexe zu überführen. So befragte man, als einst in Regensburg weder verbrennen noch ersäufen einem Ketzer etwas anhaben konnte, einen Nigromanten (Schwarzmagier). Der zitierte darauf den Dämon herbei und fand mit dessen Hilfe ein unter die Haut des Ketzers eingenähtes Amulett. Nach seiner Entfernung konnte das weltliche Gericht seinen vorgesehenen Gang nehmen.*
>
> Schmidt, 3. Teil Hexenhammer, 15. Frage

So bot beispielsweise die Heilkunde den frommen Magiern ein weites Feld, um antike magische Rituale fortzuschreiben. Gab man etwa ein Kraut zur Genesung, so musste es zuvor nicht nur geweiht und im Namen Christi, der Jungfrau und der Heiligen besprochen sein, sondern sollte auch erkennbar bildhafte Eigenschaften in sich tragen, die wider die Krankheit sprachen. Beliebt war deshalb aus solch vergleichendem Denken heraus die Alraune, die Wurzel der Mandragora, die einem Erdmännchen ähnlich sah. Häufig wurde anstelle des Kranken diese Wurzel behandelt, was dem Patienten zudem meist bekömmlicher war als ein direkter Eingriff der Gesundbeter.

Anders sah jedoch der Gesundzauber aus, wenn etwa das Fett ungetaufter Säuglingsleichen zu Heilsalben vermengt wurde. Hier waren sich alle Beteiligten ihrer verwerflichen Magie bewusst, zerrten doch an einem Kind, das den Segen des Taufexorzismus nicht empfangen hatte noch die Kräfte der Finsternis. Gleicher-

⇒ ALCHEMIE ⇐

Alchemie wird allgemein mit Goldmacherei oder der Suche nach dem Stein der Weisen erklärt. Beides war indes nur das vordergründige Streben der Alchemisten. Durch Legierung goldfarbenes Metall herzustellen war ihnen nur ein Ausweis ihrer Kunst. Und den Stein der Weisen, der dies befördern sollte, besaßen sie zumindest als Grundsubstanz in irgendeiner Mischung mit der Materia prima, der Jungfernerde, aus der einst Adam erstand. Diese Symbolik verleitete wiederum einige Alchemisten dazu, einen Homunkulus zu kreieren. Albertus Magnus als auch Paracelsus (1493–1541) werden dahingehende Versuche nachgesagt.

Erstes Ziel ihres Schaffens war es jedoch, die vier Elemente: Feuer, Erde, Wasser, Luft, die Grundelemente der Schöpfung, in einer Weise zu verbinden, dass sie sich per Transmutation mit einer höherwertigen, schöpfernahen Ebene verbanden. Solche Veredelung der eingebrachten Substanzen – darum die Goldmacherei als ideales Ziel – sollte auch die seelische Substanz des Menschen veredeln. Das gesamte alchemistische Tun von der Erkennung wirksamer Entsprechungen in der Natur bis hin zum konkreten Produkt im Labor war somit hintergründig ein magisches und theurgisches Tun.

Reste alchemistischen Denkens finden wir heute noch in der Homöopathie, in der nach dem Simile-Prinzip Ähnliches mit Ähnlichem per Transformation geheilt wird; das bedeutet, der Heilpraktiker sucht nach einem Medikament, das von seinem Charakter her der Krankheit entspricht, indem es beim Gesunden ähnliche Krankheitssymptome auslöst. Solches Heilen zählt zur Iatromagie, der medizinischen Zauberei, wie sie auch Paracelsus auf der Suche nach dem Elixier, dem alchemistischen Allheilmittel, erforschte.

maßen waren sich die Priester, die sich auf das Totbeteno einließen, ihres bösen Tuns bewusst. Hierbei wurde für einen lebenden Menschen eine Totenmesse gehalten. Starb er darauf wider Erwarten nicht, so hatte er zumindest seine Seele verloren, was gemeinhin für noch ärger galt.

Doch solche Zauberei war nur mindere Magie, ohne Struktur und geistigen Hintergrund. Dies änderte sich im Kontakt mit den arabischen Magiern und jüdischen Kabbalisten Spaniens, deren Magie Dichte und Hintergrund besaß. Dank ihres Wissens erinnerte man sich wieder der alten Lehren und versuchte, sie den neuen Zeiten anzupassen. Albertus Magnus (1193–1280) – Magnus als Ehrenbezeichnung der Große – wagte mit seinen Naturbeobachtungen und seiner Berufung auf Aristoteles den ersten Schritt[1] eine „magische Kunst" zu etablieren, indem er das Wirken von Heilkräutern, Metallen und Edelsteinen zwar auf Magie zurückführte, diese Magie aber als eine natürliche und gottgewollte im Gegensatz zu einer dämonischen beschrieb. Damit lenkt er zugleich die Aufmerksamkeit auf eine magische und von den Arabern längst eifrig betriebene Tradition, nämlich die der Alchemie, die im 3. Jahrhundert in Ägypten ihren Anfang nahm und sich mit der Veredelung von Metallen beschäftigte. Weshalb auch die Bezeichnung dieser Zauberkunst häufig auf al keme (=„schwarze Erde" oder sinngemäß „aus Ägypten"), den hieroglyphischen Namen für das Land am Nil, zurückgeführt wird.

Agrippa von Nettesheim (1487–1535) traute sich bereits entschieden weiter. Mit seiner Zauberschrift „De Occulta Philosophia" schlug er gerade in Zeiten zunehmenden Hexenwahns eine Bresche für die Magie. Dass ihm dies gelang, lag an der feinen Unterscheidung zwischen schwarzer und weißer Magie, Goëtie hier und Theurgie dort. Das eine war Teufelsbeschwörung und der Umgang mit bösen Dämonen sowie Wahrsagerei und der Scha-

---

1 In „Liber secretorum Alberti Magni de virtutes herbarum", „Historia naturalis" und „De rebus metallicis et mineralibus", die Albertus Magnus zugeschrieben werden. Diese Zuschreibungen sind jedoch umstritten.

dens- und Liebeszauber, das andere aber war die Beschwörung der guten Geister, die Astrologie, weil von himmlischer Natur, die heilende Magie und die Gotteserkenntnis dank des Studiums höherer Entsprechungen. So sucht er nach den Temperamenten der Planeten im Irdischen, schreibt etwa alles Stachelige, das Eisen, den Wolf und den Rettich dem Mars zu. Mit Hilfe magischer Quadrate weist er den Wandelsternen Intelligenzen zu, reine Geister, die die Sterne bewegen, wie etwa Iophiel dem Jupiter. Zugleich weiß er um die Dämonen, die als Mittler zur Intelligenz beschworen werden können, im Beispiel Jupiter ist es Hismael. Doch damit nicht genug, macht er sich daran, in kabbalistischer Manier die Namen der Engel aus dem in der Bibel (2. Mos. 14, 19-21) verborgenen Schemhamphorasch (siehe auch Anhang), dem verborgenen Namen Jahwes, zu deuten. 72 Engelsnamen findet er darauf und kennt alsbald auch die Namen der teuflischen Dämonen. Und dies alles nur, um das Niedere dem Höheren entgegenzuheben, auf dass es das wahre Walten in der Welt erkenne.

> *Die Harmonie der Welt ist von der Art, dass das Überhimmlische vom Himmlischen angezogen wird und das Übernatürliche von dem Natürlichen, weil eine schöpferische Kraft und eine Teilnahme der Arten durch alles verbreitet ist. Und wie diese schöpferische Kraft aus verborgenen Ursachen Offenbares hervorbringt, so bedient sich der Magier des Offenbaren, um das Verborgene anzuziehen.*

Agrippa

Es war in der Tat ein gewaltiger Schritt, den Nettesheim da wagte und der ihn mancher Verfolgung aussetzte, weshalb er auch rastlos durch Europa zog und an keinem Ort zu lange weilte. Als er starb, so erzählt die Legende, nahm er seinem schwarzen Pudel, in dem der Teufel steckte, das Halsband ab, und rief: „Gehe hin, du verfluchtes Tier, du hast mich in Ewigkeit verderbt." Das Tier sprang darauf in den nahen Fluss und ward nicht mehr gesehen.

300 Jahre später kam der Pudel als teuflische Inkarnation in Goethes Faust zu literarischen Ehren. Seine Magie aber beflügelte die Alchemisten, zu verstärktem Tun. Und so entstand zur selben Zeit, zu der die Hexerei mit Feuer und Kreuz verfolgt wurde, teils in düsteren Laboren, teils in den Ordinationen der Ärzte, eine neue Magie und mit ihr ein tieferes Verständnis der Natur.

5. Magische Ausblicke

Mit der Entwicklung der modernen Naturwissenschaften und des kartesianischen Weltbildes welkte auch diese späte Blüte der Magie. Nun galten die Welt und ihre Natur so erklärbar und berechenbar wie eine Maschine. Die Magie verschwand wieder in die kleinen verborgenen Zirkel. Okkultisten, Spiritisten, Theosophen, Satanisten, Fühlige und Esoteriker jeglicher Couleur vergruben sich in die alten Schriften und schrieben sie mehr oder weniger unverändert fort. Gut 200 Jahre währte dieser Stillstand. Doch die Endzeitstimmung im Vorfeld des vergangenen Jahrtausendwechsels und die Suche nach einer neuen Metaphysik des New Age, dessen Wurzeln bis in dreißiger Jahre reichen, weckten die Magie aus ihrem Dornröschenschlaf. Es waren vor allem die Gedanken der Psychoanalytiker C. G. Jung zum okkulten Seelengrund und die Theorie Wilhelm Reichs zum Orgon, einer angenommenen allumfassenden schöpferischen Energie, die in den achtziger Jahren Physiker wie Fritjof Capra und David Bohm dazu anregte, ein holistisches Weltbild zu kreieren, in dem ganz nach altem magischen Verständnis Natur und Geist miteinander verwoben sind. Und wieder machen es sich Menschen zur Aufgabe, diesen Geist zu erkennen, um sich selbst zu erhöhen beziehungsweise entgegen allen akuten Weltuntergangsphantasien durch die versöhnende Beschwörung des „Spiritus mundi" die Welt zu retten. Die Mittel und Wege zur Erkenntnis sind dabei vielfältiger Natur, fußen aber mehrheitlich auf tradierten orientalischen und okzidentalen magischen Praktiken wie etwa Yoga oder Engelsbeschwörung, wodurch sich diesmal zwei magische Welten verbinden.

Und so steigen in der Dämmerung die Eulen der Minerva wieder auf und suchen die Gnosis in neuer Düsternis. Dem einen mag die Eule ein Sinnbild der Weisheit sein, dem anderen gilt sie als Zauber-, Todes- und Teufelsvogel. Was nur also mögen die Vögel in der aufziehenden Morgendämmerung in ihre Höhle tragen?

⇛ DEVAS ⇚

Eins der bekanntesten Experimente des New Age ist die 1962 in Schottland gegründete ökologisch-spirituelle Kommune Findhorn. Um die Lebensgemeinschaft in der kargen Landschaft gedeihen zu lassen, trat das Gründerpaar, Peter und Eileen Caddy sowie die Mitbegründerin Dorothy McLean, mit den „Devas", den Naturgeistern der Gegend, in Verbindung und empfingen von ihnen Anleitungen für die Anlage eines Gartens. Innerhalb weniger Jahre, so erzählte man sich rund um die Welt, entstand mit Hilfe der Devas im schottischen Sand ein wahrhaft paradiesischer Garten.

Deva heißt im Sanskrit „der Leuchtende". Mit ihm werden sterbliche Götter bezeichnet. Es ist auch eine Ehrenbezeichnung für erleuchtete Menschen. In der theosophischen Mythologie gelten Devas als Lichtwesen. In Findhorn werden sie als von Pan, dem alten Wald- und Weidegott, gesandte Wesen verstanden. Die Gründer berichteten auch über ihre Visionen von Pan.

Des Menschen Geist ist voll Magie

Den laut bewegten hafen wo mein herz ich weide
In tiefem zug an farbe an parfüm und ton
Wo schiffe gleiten über gold und in der seide
Die weiten arme auf – umarmend das geschmeide
Des reinen firmamentes – ewiger wärme thron.

1. Das Denken in Entsprechungen

Wir müssen mit der Magie nicht vertraut sein, um magisch zu empfinden und zu denken. Neigen wir doch von unserer psychischen Verfassung her dazu, Phänomene miteinander kausal zu verknüpfen, die erkennbar nichts verbindet. Solcherart kausale Verknüpfung aber schafft bereits für sich einen magisch gestimmten Raum. So sind etwa die meisten Menschen davon überzeugt, dass Mond- und Menstruationszyklus zusammenspielen oder der Vollmond ungezügelte Seelenkräfte hebt, obwohl die Haltlosigkeit solcher Ansichten wissenschaftlich längst belegt ist. Und selbst ein überzeugter Rationalist wird manchmal lieber dreimal auf Holz klopfen, anstatt das ungute Gefühl in sich tragen zu wollen, eine günstige Aussicht zum Schlechten hin beschrien zu haben.

Mag man auch solche Auffassungen als Aberglauben abtun, enthebt man sie allerdings dadurch nicht der Magie, die solche Sicht unterfüttert. Die Vorstellung, demzufolge Zeichen wie Symbole auf einer übergeordneten Ebene menschliche Handlung und

Absichten beeinflussen, ist uns offenbar ein so selbstverständliches Empfinden, dass wir ihre hintergründige Magie oft nicht wahrnehmen. Finden wir beispielsweise ein vierblättriges Kleeblatt, so ist dies ob seiner Seltenheit in der Tat ein Glücksfall. Dass wir diesen Glücksfall allerdings als eine generelle Gunst des Schicksals begreifen, hat mit unserem Hang zu tun, in Entsprechungen zu denken. Nach dem Motto „Was hier, das dort" wähnen wir kausale Zusammenhänge zwischen Zeichen und Wirken und bestätigen uns hierdurch das Vorhandensein übergreifender magischer Bindungen. Der Glaube an die Aussagekraft von Horoskopen etwa gründet auf solch magischem Denken.

Wollen wir diese magische Disposition als Gegebenheit verstehen, sollten wir jedoch weniger das Eindeutige deuten. Gerade unsere alltäglichen sozialen Rituale sind vom stillen Wunschglauben nach wirksamen magischen Entsprechungen durchdrungen. So wollen wir zum Beispiel mit einem Blumengruß aufblühende Freude in ein Haus zaubern. Vertrauen wir andererseits unsere Hoffnungen einem Tagebuch an, verleihen wir ihnen Gestalt, auf dass sie durch solche Manifestation auch im vorbedachten Rahmen Erfüllung finden. Überdeutlich wird solch entsprechende Magie, wenn wir uns die Verkleidung von Fußballfans betrachten, soll doch ihr grimmiges den Sieg vorwegnehmendes Auftreten in gleichem Maße auf die Mannschaft übergehen. Schließlich sei noch die Werbung erwähnt, die mit ihren emotionalen Botschaften gekonnt mit unserer psychischen Anfälligkeit für analogen Zauber spielt.

2. Der Zauber der Sympathie

Dem Analogiezauber verwandt ist die Vorstellung von Sympathien oder Wahlverwandtschaften (siehe auch Anhang). Dieser Zauber gründet auf der schlichten Tatsache, dass unsere offenen wie verborgenen Gefühle in anderen in gleicher Weise anschwingen, ebenso wie wir uns umgekehrt von deren Gefühlen betroffen fühlen. Der Magier sieht hinter solchem Mitempfinden nicht nur ein geistiges Band, das die Beteiligten verbindet, sondern einen wirkenden Geist, in dem sich die Verschiedenheiten des Einzelnen zu einem Prinzip aufheben. Dabei fügen sich die Dinge und Wesen zu Gruppen, die für sich eine sympathetische Sphäre bilden und wiederum mit anderen Sphären durch Sympathie oder Antipathie verbunden sind.

⇒ ANALOGIEZAUBER ⇐

In der magischen Praxis ist es vor allem der Analogiezauber, der dem Denken in Entsprechungen entspringt. Die Vorstellung ist, dass sich Ähnliches in metaphysischer Weise ähnlich beeinflusst. Wirkt man also auf hier eine Sache ein, zeitigt diese Manipulation auch dort, am gewollten Ziel, Wirkung. Zum Beispiel begibt sich der Magier in seinen Zauberkreis und manipuliert eine Wachspuppe, um in gleicher Weise auf eine entfernte Person zum Guten oder Schlechten einzuwirken. Gelingt es ihm dazu noch, den „Spiritus" dieser Person in seinen Kreis zu zitieren, gewinnt er die uneingeschränkte Macht über sie. Auch das Phänomen des Fernheilens basiert auf solchem Analogiezauber, hier wird meist das Bild einer erkrankten Person vom Magus „behandelt", um Genesung über große Distanz zu bewirken. Im Volkszauber vollzieht sich der Analogiezauber meist in bildhaften Handlungen. So wird zum Beispiel zur Geburt des Kindes ein Baum gepflanzt, auf dass dessen Kraft auf das Kind übergeht. Die Entwicklung von Baum und Kind werden fürderhin als ein gleichartiges Geschehen gedeutet. Als miteinander verbundene Ähnlichkeit wird hier Geburt und Pflanzung angesehen. Analoges Zaubern wird insbesondere beim Liebeszauber eingesetzt, so etwa beim Binden von Zweigen, um eine Partnerschaft zu erzwingen, oder beim Knüpfen und Knoten roter Schnüre, um der Liebe Festigkeit zu verleihen.

Hierbei gilt das Prinzip der Wahlverwandtschaft und nicht der Ähnlichkeit wie beim analogen Zauber. Danach finden sich die Dinge, die zueinander und miteinander Wirken, durch Attraktion. Das bedeutet, es besteht eine geistige respektive energetische Anziehungskraft, die magisch nutzbar wird, sobald man einen der verbundenen Teile in ein Pathos versetzt, damit dies beim sphärisch verbundenen Gegenpart ein gleichwertiges Pathos weckt.

Im Märchen mag dies der Ring der Königin sein, der seinen Glanz mit ihrer Untreue verliert, während es im alltäglichen Miteinander ein nicht von Herzen gegebenes Geschenk ist, das den Beschenkten statt zur Freude zur Last wird. Solch bleierne Geschenke sind von ähnlichem Gewicht wie der „Eintragszauber", bei dem ein besprochener Gegenstand einer anderen Person zugesteckt wird. Stößt der Zauberspruch bei ihr oder in ihrer Umgebung auf ein attraktives Gegenüber, was meist der Fall ist, kann sich die beabsichtigte Magie entfalten.

Ein exemplarisches Medium der sympathetischen Magie sind Edelsteine, in denen man kristallisierte kosmische Kräfte vermutete und ihnen deshalb auch planetare Eigenschaften zuschrieb. Heutzutage finden sie besonders im Heilzauber wieder vielfach Verwendung, wobei sich hier typisch für die moderne Magie meist östliche Chakrenmagie und alchemistische Entsprechungslehre miteinander verschränken. In der Chakrenmagie wird mit der Kraft der körperlichen Energiezentren und ihren transzendenten Entsprechungen gearbeitet. Ein Großteil dieser magischen Abläufe geschieht über Imagination und Visualisierung. In der volkstümlichen Magie greift man hingegen beim sympathetischen Zauber gerne auf persönliche Medien einer Person, etwa Haare oder abgeschnittene Fingernägel, zurück und richtet den Zauber auf diese Dinge, um in gleicher Weise auf die Person einzuwirken. Der geschulte Magier oder Schamane wiederum versetzt sich eher in eine andere Person und zitiert dadurch ihren Seelenaspekt herbei, um ihr den Zauber zu übertragen. So erleidet etwa beim Heilzauber der Schamane während des Rituals die Symptome der

Krankheit und löst sie in sich auf, auf dass Gleiches beim Kranken geschehe.

Schließlich sei noch die moderne Typisierung von Personen nach ihrem Sternbild erwähnt, die mit all ihren erst jüngst ausgebildeten Varianten ein geradezu klassisches Beispiel für sympathetisches Denken und Magie ist; so etwa die Katalogisierung der Temperamente der äußeren Planeten[1] und ihrer Trabanten oder die Ausbildung der astrologischen Charakterdeutung anhand der Mondknoten.

Das morphogenetische Feld, Träger der Sympathie

Wurde einst als wirkender Hintergrund für das Phänomen der Wahlverwandtschaften ein Spiritus mundi angenommen, so greift man heute nicht so weit, sondern begnügt sich lieber etwa mit der Annahme eines morphogenetischen Feldes. Die Theorie wurde von Biologen, die die These C. G. Jungs vom kollektiven Unterbewussten inspirierte, aufgestellt – in Anlehnung auch an die 1922 erfolgte Entdeckung der ultraschwachen Zellstrahlung durch Alexander Gurwitsch (1874–1954).

Danach bilden gleichartige Spezies ein angenommenes Feld aus, in das sich die Eigenarten der Gattung als Muster einschreiben. Jedes nachgeborene Wesen der Gattung partizipiert in seiner Entwicklung an diesem Feld und prägt seinerseits das entstandene Muster fort. Hierdurch erst werden Entwicklungsschritte beschleunigt und kann sich die Gattung in ihrer Eigenart perfektionieren. Nicht das Einzelne seiner Art, sondern das morphogenetische Feld ist demnach die formgebende Ganzheit.

Der Philosoph und Biochemiker Rupert Sheldrake (*1942) griff diese Theorie auf und entwickelte sie fort. Seiner Vorstellung nach prägen und regeln morphische Felder die gesamte belebte wie unbelebte Natur. Die Naturgesetze sind darob nicht starr, son-

---

1 Entdeckung der Planeten und damit Aufnahme in Horoskope: Uranus 1781; Neptun 1846; Pluto 1930, gilt mittlerweile als Zwergplanet; Charon, Mond des Plutos, 1978. Ceres, 1801 entdeckt, galt anfänglich als Planet, später als Asteroid und wird heute als Zwergplanet gelistet. Auch er ist ein astrologischer Bezugspunkt.

dern durch die Felder determiniert und somit in letzter Konsequenz auch wandelbar. Ein weiterer Gedanke Sheldrakes ist die „morphische Resonanz". Danach beeinflussen die Felder auch das ererbte Verhalten von Spezies. Bringt man beispielsweise in einem Teil der Welt einer Spezies etwas Neues bei, werden alle Wesen dieser Art in der Welt die gleiche Sache schneller lernen und ihr Erbverhalten korrigieren.

Folgt man diesen Gedanken, könnte man annehmen, dass durch die Magie ebensolche sympathetischen Felder sich entwickeln. So wäre beispielsweise die Astrologie zunächst erst Konstrukt, das jedoch durch seine Installation und jahrtausendlange Pflege zu einem wirksamen Feld einwuchs, sich stabilisierte und sich prägend und regelnd weiterentwickelte.

3. Der Zauber der Religion

Man könnte die Magie auch als den linken Bruder der Religion bezeichnen, schließlich wird seit alters Magie, die keine religiöse Kulthandlung ist, von den Priesterkasten als Aberglaube abgetan. Dementsprechend werden magische Handlungen, die im religiösen Kontext erfolgen, vom Standpunkt der Gläubigen auch nicht als Zauberei, sondern als kultische Handlungen aufgefasst. In diesem Sinne ist religiöse Magie stets ein kommunikativer Austausch mit dem Gott, um dessen Kraft für die Gemeinde zu nutzen beziehungsweise auf sie übergehen zu lassen. Die beschworene Kraft offenbart sich dabei in der Kulthandlung, und diese Offenbarung ist für die Beteiligten sinnlich erfass- und erkennbar. Der Geist fließt über. Grundsätzlich kann eine gültige Kulthandlung nur von einer initiierten Person, sprich einem Priester durchgeführt werden. Der Zweck der Kulthandlung mag sowohl von theurgischer Art, etwa in der Gottesschau, als auch von profaner Art sein, zum Beispiel wenn der Priester einen Erntesegen am Feldrand erteilt oder zur Autoweihe die an ihm vorbeirollenden Kraftfahrzeuge mit dem Weihwasserwedel segnet.

Blicken wir auf die Kulthandlungen der christlichen Kirchen, ist die herausragende heilige Handlung das Abendmahl, das unverkennbar Reststücke archetypischen Opferkultes in sich birgt. Hostie und Wein wandeln sich symbolisch zum Leib und Blut Christi, der Gott wird inkorporiert und der Gläubige, von Gott durchdrungen, wird der göttlichen Sphäre teilhaftig. Es gibt kaum ein schöneres und machtvolleres Bild der Gottesnähe als dieses, das zugleich auch ein Bild der Unsterblichkeit im Gotte ist. Als solches ist es ein uraltes magisches Bild – so reichte Osiris, der Bezwinger des Todes, Isis sein Blut in Gestalt eines Bechers voll Wein. Die magische Kraft dieses Bildes verleitet von jeher den Gläubigen zu manchem Zauber unter Ausnutzung des Abendmahles. So glaubte man etwa, dass Gewehrkugeln ihr Ziel nicht verfehlten, sobald man das Abendmahl insgeheim in Teufels Namen zu sich nahm. Andererseits empfand man die Entweihung der Sakramentalien Brot und Wein als Todsünde, was wiederum die Schwarzzauberei inspirierte. Eine durchstoßene Hostie war demnach ein sicheres Mittel, um den Antichrist zu beschwören – einer von mehreren Gründen, weshalb bis in unsere Zeit die Hostie dem Gläubigen vom Priester in den Mund gelegt und nicht in die Hand gegeben wurde[1].

Mit Ausnahme der Wahrsagerei lebt die alte Magie der Priester im christlichen Kultus fort. Sie ist so vielfältig und ebenso begehrt wie ehedem, wird sie doch allgemein als lauterer und wirksamer Zauber verstanden. So üben sich die Priester im Schutzzauber und weihen Häuser und auch mal eine Achterbahn ebenso wie persönliche Gegenstände, um den Gläubigen vor Unheil zu bewahren. Zum gleichen Zweck werden heute noch kirchlicherseits Reliquien und geweihte Amulette gehandelt. Auch im Abwehrzauber sind

1 Erst in den 1960er-Jahren kam im Zuge der liturgischen Veränderungen durch das 2. Vatikanische Konzil, von deutschen Katholiken ausgehend, die Handkommunion auf. Zuvor war die Mundkommunion obligatorisch, da kein Ungeweihter den Leib Christi, hier in Gestalt der Hostie, berühren sollte. Gelegentlich wurde die Veränderung der Kommunionsgabe mit modernen Hygienevorstellungen begründet. Die Handkommunion wird von konservativen Katholiken vehement bekämpft.

⇒ RELIQUIEN ⇐

Der Zauber der Reliquien ist ein ungebrochenes Phänomen. So werden auch heute noch Hinterlassenschaften und körperliche Überreste Heiliger zu Reliquien. Denken wir nur an die Blutkrusten des stigmatisierten Pater Pio (1887–1968) oder die Umbettung des unverwesten Leichnams Papst Johannes' XXIII. zu Pfingsten 2001 in einen kristallenen Sarkophag, damit die ihn verehrenden Gläubigen ihn in seiner neuen Grablege im Petersdom betrachten können.

Der Grund für das Reliquienwesen liegt in der Vorstellung von Heroen und Heiligen, die in ihrem Leben über menschliche Dimensionen hinauswachsen und von einer überirdischen Kraft beseelt werden. Ihre Überreste bewahren auch nach dem Ableben der Person ihre heroische Kraft in sich, wodurch sich dank der Reliquie die Wunder der Heiligen wiederholen können. Wer diese Kraft für sich zulässt, tritt mit dem Heiligen in spirituelle Verbindung und erfährt hierdurch Erhöhung. Zudem geht diese Kraft auch auf Gegenstände über, die mit der Reliquie in Kontakt gebracht wurden. So werden etwa in der Gemeinde Ebersberg Zinnpfeile an Gläubige abgegeben, die mit der dort als Reliquie verehrten Schädeldecke des heiligen Sebastian in Berührung kamen. Solche Kontaktreliquien stehen im Volkszauber oft im Zentrum magischer Handlungen, insbesondere beim Gesundzauber.

moderne Priester bewandert, böse Geister vertreiben sie mit Räucherwerk und Weihwasser und salben[1] den Täufling wie den Sterbenden, um deren Seelen vor dem Zugriff des Bösen zu bewahren.

1 Das Salben ist ein Bestandteil kirchlichen Exorzismus. Das geweihte Salböl wird Chrisam genannt und basiert auf Olivenöl und natürlichen Aromen.

Sie lesen Seelenmessen, um dem Verstorbenen den Durchgang durchs Totenreich zu erleichtern.

Wenn das Böse einen übermannt

Stiller ist es indessen um den Exorzismus geworden, da heute der Glaube an die Macht des Teufels gemeinhin als rückständig gilt. Den irdischen Höllenqualen haben sich dafür die Psychotherapeuten als moderne Seelsorger angenommen – wie überhaupt ein Großteil ihres therapeutischen Wirkens ursprünglich magische Elemente in sich trägt. Allein das Besprechen, das Aussprechen und Beschwören unguter Befindlichkeiten hat magische Wurzeln; wir reden uns die bedrückenden Geister von der Seele. Gleiches gilt für Techniken wie die der Autosuggestion, Imagination, Hypnose oder gruppendynamischen Übungen, die allesamt alter Zauberkunst abgeschaut wurden. Das übergehangene Mäntelchen wissenschaftlicher Erklärung bedeckt dabei keusch die ursprüngliche Magie. Doch auch die Kirche hat dem Exorzismus nicht abgeschworen. Zum Beispiel wird im katholischen Taufritus der Täufling noch heute exorziert.

Gleichwohl gibt es nach wie vor echte Fälle von Besessenheit, die sich nicht als „ekklesiogene" Neurosen[1] wegerklären lassen, sondern nach einem im Exorzismus bewanderten Priester verlangen. So polemisierte bereits Plato (427–347 v. Chr.) gegen die Laienpriester, die zu seiner Zeit Besessene von Dämonen kurierten, da er solchem Tun den göttlichen Segen absprach. Hippokrates (um 460–370 v. Chr.) wollte die Behandlung Besessener in der Hand des Arztes wissen, und in seiner Schrift über die „heilige Krankheit" verwarf er jeglichen Exorzismus.

Ein in Exorzismus erfahrener Priester ist der Psychologe Dr. Jörg Müller (*1943), der sich der Gratwanderung bei der Entscheidung für eine Austreibung durchaus bewusst ist, wenn er meint:

---

1 Damit sind durch die Kirche und Glauben bedingte Neurosen gemeint. Den Begriff prägte der Gynäkologe und Psychoanalytiker Eberhard Schaetzing (1905-1989) und veröffentlichte darüber 1955.

„Die Symptomatik dämonischer Störungen ist vielschichtig, diffus und ähnelt oft auch klinischen Krankheitsbildern. Es gibt stets auch Überschneidungen. Wenn Widerstand gegen alles Göttliche, Lasterzwang, mediale Fähigkeiten, sexuelle Perversionen, Heilsungewissheit, ichbezogene Frömmigkeit mit Übertreibungen, Stimmenhören bei geistiger Gesundheit oder/und flottierende Ängste vorliegen, sollte man hellhörig werden." (Referat: 2. Internationale Priestertagung, Medjugorje 2001) Im Zusammenhang mit einer Betrachtung brasilianischer Kulte differenziert der im Exorzismus bewanderte Schweizer Psychiater Hans Naegeli-Osjord (1909–1997) weiter: „Ein ganz wesentlicher Unterschied besteht darin, dass der dämonisch Besessene vom negativ Numinosen gegen seinen Willen ergriffen wird, während der kultisch Besessene nach monatelanger Vorbereitung freiwillig seinen Körper den transzendenten Mächten anbietet." (Naegeli-Osjord; S. 148)

Wer jedoch je Zeuge einer Besessenheit und Austreibung geworden war, wird Magie nicht weiter nur als ein psychologisches Wirken auffassen, was bislang aus dem Dargestellten durchscheinen mochte, sondern sich von Mächten angehaucht fühlen, die aus einer anderen Sphäre überfließen. Dabei verschränken sich diese Mächte nicht, stehen also in keinem sich wechselseitig erhaltenden Gegensatz. Vielmehr sind es unterschiedliche sich selbstnährende Kräfte, die hierbei aufeinander prallen: hier abgründige Dämonie im Besessenen, kalt und starr, dunkel und tödlich; dort verklärtes Erbarmen um den Exorzisten, warm und dynamisch, heil und lebendig. Es sind zwei reale Gewalten, die hier aufeinander prallen, und es ist ein spürbares Ringen entlang einer Scheidelinie, die zwei Welten trennt. Wer also die Gewalt eines solchen Zusammenpralls magischer Mächte erlebte, mag auch die Gnostiker vergangener Tage verstehen, die gleiches gesehen hatten und darob die Welt in zwei unversöhnliche Hälften teilten.

Im beobachtenden Begreifen dieses phänomenalen Geschehens scheint sich fürwahr die bipolare Welt der Gnosis wieder aufzutun und man muss sehr achtsam sein, um sich in diesem alten Bild fortwährender Unversöhnlichkeit nicht zu verfangen und dabei den Raum lauterer Magie zu verlassen. Denn fällt man aus dem verklärten Erbarmen, sehen wir statt einem Ringen an der Scheidelinie magischer Gewalten ein Zerren im bipolaren Reich der Dämonen. Der Exorzismus ist dann weniger ein Heilen als vielmehr nur ein Entrücken an die Peripherie dieses Reiches, ein Beruhigen und Verstummen der gequälten Seele. Wohl deshalb ließ Jesus die Dämonen, die einen Mann quälten, in die Schweine fahren (Markus 5,12)[1], denn die Befreiung war sein Ziel und nicht ein Hineinwirken in und die damit einhergehende Bindung an die Bipolarität.

Auch hier streift uns ein uraltes magisches Geschehen. Jesus zwingt die Dämonen, ihren Namen zu nennen, erst dann kann er sie aus dem Leib des Besessenen verbannen. Erst mit dem Namen gewinnt der Exorzist die Macht über sie. Von gleicher Denkweise ist die Haltung, die den Gottesnamen verbirgt. Der namenlose Gott lässt sich niemals zwingen. Folgerichtig wird – zumindest im Auge der Numerologen – der Name eines Menschen auch zum magischen Schlüssel, mit dem sich sein Wesen erschließen lässt.

4. Am Abgrund blicken wir ins Weite

Unsere Psyche verliert zwar die ihr eingeborene Affinität zur Magie nicht, doch durch die Erkenntnis der Naturgesetze und der Macht der Ratio „verkümmert" ihr magisches Potenzial. Was einst noch magisch gedeutet wurde, lässt sich heute verständlich erklären, etwa die Wirksamkeit von Kräutern oder das Besprechen von Warzen, ein Zauber übrigens, den Dermatologen heute vor allem bei geplagten Kindern ganz bewusst wieder aufleben lassen. Gleichwohl verliert die Magie in unserer alltäglichen Wirklichkeit

---

1 Die Befreiung des Besessenen von Gerasa wird auch politisch gedeutet. Danach waren die Dämonen, die sich Legion nannten, in der Tat eine römische Legion, die als Feldzeichen den Eber führte. Von dieser Legion wurden 2000 Soldaten durch den jüdischen Widerstand aufgerieben. Demzufolge wäre der Bibeltext zum Befreiungsdienst eine Allegorie vor einem historischen Hintergrund (vgl. Lau, Markus).

zunehmend an Raum und wird mehr und mehr in eine lebensferne Sphäre verdrängt. Erst wenn uns wie beim Exorzismus das Ringen mit magischen Gewalten erschreckt, erleben wir in hilfloser Furcht dieses archetypische Walten als verstörenden Zwiespalt in uns.

Doch auch wenn wir die Magie aus der Wirklichkeit unserer Psyche verdrängen, bleibt ihr Raum in unserer Seele erhalten. Er mag uns zwar entleert erscheinen, doch genügt oft ein kleiner Anstoß aus der Zauberwelt, um die verdrängten Bilder zu beleben. Es ist meist eine abgründige Erschütterung, die uns dabei aktuell erfasst. Solchermaßen mit einem Schatten unseres Selbst konfrontiert, erscheint uns magisches Geschehen oft ungewöhnlich bedrohlich. Anstatt uns jedoch in atavistischer Weise übermannt zu fühlen, vermögen wir, eben weil unsere Psyche ihrer inneren Magie zuneigt, die uns anrührenden Kräfte zu lenken. Hierzu allerdings müssen wir uns dem scheinbar Paradoxen öffnen und bejahen, was wir in unserem Tagbewusstsein verneinen.

Gelingt es uns, blicken wir in jene lebensferne Sphäre der Magie und überwinden ihre Transzendenz. In verwandtem Sinne meint Stanislav Grof in seiner Schrift „Kosmos und Psyche“:

> *Die transpersonale Psychologie hat entdeckt, dass es in holotropen Zuständen möglich ist, die Identität mit fast jedem Aspekt der physischen Realität aus Vergangenheit und Gegenwart wie auch mit verschiedenen Aspekten anderer Dimensionen des Seins zu erfahren. Sie hat bestätigt, dass der gesamte Kosmos auf geheimnisvolle Weise der Psyche eines jeden von uns eingeschrieben ist und der tiefen systematischen Selbsterforschung zugänglich wird.*

Mit dem von ihm geprägten und aus dem Griechischen abgeleiteten Begriff „holotrop“ bezeichnet Grof die Annäherung an ein Ganzes, durch mehrdimensionale Aufschlüsselung der Tiefendimension der persönlichen Verfassung (holos = ganz, trepein = sich auf etwas zubewegen). Es ist also kein analytisches oder deutendes Schauen der magischen Sphäre, sondern eine umfassende und unmittelbare Einsicht, durch die sich uns diese Dimension öffnet. Wir treten ins Transzendente und das Transzendente tritt in uns. Hierdurch wird uns der magische Raum gegenwärtig und mit ihm beginnen wir, in selbstverständlicher Weise magisch zu leben und zu wirken. Das heißt, magische Disziplinen wie Mantik und Theurgie wachsen uns sozusagen als Talente zu, wodurch unser Handeln auch ohne explizites Ritual magische Unterfütterung erfährt.

So könnte sich eine Annäherung an eine magische Dimension vollziehen. So könnte der Blick ins Weite sein! Doch durch die allgemeine Verdrängung der Magie in die Schatten der Psyche verschieben wir ihren transzendenten Raum immer weiter in unerreichbare Ferne und erklären uns, wenn uns dennoch magische Berührung widerfährt, die Magie rational fort. Indes bleibt die magische Struktur der Psyche erhalten, nur findet sie keinen Widerhall. In dieser Situation mag sie in der einen Person in der Tat verkümmern, während sie in einer anderen Person umso heftiger nach Belebung drängt. Dort aber, wo solches Drängen virulent wird, ist die Gefahr groß, dass die scheinbar entleerten nahen Räume unerkannt bleiben und die aus rationaler Abwehr konstruierte Ferne als Gegebenheit erachtet wird. Da das Drängen indessen nach einem Grund verlangt, wendet man sich auf der Suche nach Widerhall nicht nach innen, dem nahen Raume zu, sondern fahndet nach ihm im Äußeren und findet ihn im Dämonischen, das sich offenbar leichter beleben lässt. Jedenfalls ist der Hang zum Schwarzmagischen, zur Dämonenbeschwörung und zur bedrängenden Zauberei heute eine unverkennbar starke Tendenz, während die Hinwendung zur lebendigen ganzheitlichen Magie eher als unattraktiv, weil machtlos gilt.

5. Rituale und Symbole als Sprache der Magie

Träume mögen Schäume sein, gleichwohl sind sie ursprünglicher Ausdruck unserer Psyche, weshalb die mantische Traumdeutung eine eigene magische Disziplin ist. Joseph, der den Traum des Pharaos deutete, war ein solch mantischer Traumdeuter. Andere Magier benützen Träume dazu, ihre Magie über ihre Physis hinauszutragen. Durch die wissenschaftliche Traumdeutung, die Oneirologie, die aus den Träumen statt der Zukunft das Unbewusste deutet, haben wir einen anderen Zugang zur Sprache unserer Seelenbilder gefunden. Von daher wissen und verstehen wir, wie unsere Psyche in Bildern spricht sowie intentional gleichermaßen auf die Botschaften von Symbolen anspricht und sie kreiert. Wir kennen die Zeichen und verstehen ihre Sprache, auch wenn wir uns derselben nicht immer bewusst sind.

Im magischen Sinn sind Symbole, entsprechend der Vorstellung von den Wahlverwandtschaften, psychische Attraktionen, die unsere Seele in Schwingungen versetzen und in gleicher Weise den Geist beschwingen – mag es der Geist einer höheren Sphäre oder der einer fernen Person sein. Symbole sind folglich die verlässlichsten Medien, wenn es darum geht, eine sympathetische Harmonie zu bewirken. Dementsprechend bedeutsam sind der Einsatz von Symbolen und das Wissen um Symbolik im magischen Ritual. Das magische Ritual selber erscheint als ein wohlkomponiertes Mandala ausgewählter Symbole, die sich im Ritual selbst potenzieren.

Der nachstehende Überblick erläutert an Hand magisch bedeutsamer Utensilien und Handlungen die Bildersprache magischer Rituale, wie sie von den Magiern seit der Antike bis heute als unerlässlich für eine wirksame Magie erachtet werden.

Das Wort

》 *Vota + misa + Lasafe + ma + Homina + Sara + Pada + Ohagiel + Matachia + Mecha + Enazarael + O Hevilame Ga + Hiebani + dass du ihn sendest vor meinen Kreis, sonst sei deine Strafe siebenmal größer auf dir Geist Ariel in der Höllen, ich Roma + Sa + fu + Amiel + mica + suisa + Amen* 《

Dr. Johann Faustens Miracul-, Kunst- und Wunderbuch 1469.

In solcher Weise brabbelnd und drohend und an den bezeichneten Stellen mit dem Zauberstab das Kreuz schlagend, zitierte der Magus den Oberteufel Ariel herbei, einen Trickster und Luftgeist, der je nach Stimmung und Qualität des Bannspruches mal zum Guten, mal zum Schlechten hin dienlich war.

Sprachgewalt war und ist eine grundlegende Fertigkeit für jeden Magier, denn wenn im biblischen Anfang das Wort war, so ist auch alles Nachfolgende und sind insbesondere die Dämonen dem Wort verpflichtet. Doch nicht immer kam es auf die passenden Worte an. Auch die richtige Tonlage kann ausschlaggebend sein, um den Geist zu beschwören. Dementsprechend sind lautmalerische Rituale, bekannt als „Zungenreden", bereits eine eigene Form der Magie, wie sie etwa in pfingstlichen Erweckungsgemeinden zelebriert werden. Beim Zungenreden werden über einen längeren Zeitraum willkürliche Laute geformt. Fällt der „Redner" schließlich in Trance, spricht aus ihm der angerufene Geist, dessen Botschaft von den Umstehenden aus dem Mund des Mediums abgelauscht und interpretiert wird.

Die Schrift

Die Kunst zu schreiben, einst nur Priestern und Oligarchen geläufig, gilt als die erste hohe magische Kunst. Jedenfalls war es für die Menschen damals pure Zauberei, Ereignisse und Wissen, die über die Zeiten von Mund zu Mund weitergetragen wurden, per Schrift zu konservieren und jederzeit beleben zu können; ein Grund dafür, dass in vielen Mythen dem Menschen die Schrift von den Göttern gelehrt wurde. Das einmal Aufgeschriebene hatte Bestand und wurde damit sichtbare Wirklichkeit. Dank der Schrift konnte man einen Zauberspruch festhalten, und kratzte man den Spruch gar noch in Stein, hielt der Zauber ungeahnte Zeiten.

Die Möglichkeiten, nach magischen Prinzipien Zaubersprüche, Flüche und Beschwörungen zu „notieren", sind Legion. Der Zweck solcher Notationen ist es gemeinhin, die Zauberkraft des Wortes zu verstärken. Schreibt etwa der Magier eine Schutzformel an den

Rand seines Zauberkreises, wirkt dies als ein mächtiger Bann. Ein Genesungszauber auf ein Stück Papier geschrieben und verschlun-

⮞ DER TAUFEXORZISMUS ⮜

Einst durften ungetaufte Kinder nicht auf dem Gottesacker beerdigt werden, da sie noch als in der Gewalt des Teufels erachtet wurden. Ein Grund übrigens, warum die Leiber ungetaufter Kinder in der Hexerei ein begehrtes Medium waren, erhielt man doch durch sie auch eine diabolische Substanz. Erst durch die Taufe wurde das Kind von den es umfassenden Dämonen befreit. Hat sich diese Sichtweise zwar heute grundlegend verändert, wird die Taufe heute dennoch von den Kirchen als Exorzismus verstanden, selbst wenn das eigentliche exorzistische Ritual als solches kaum mehr erkennbar ist. Wurden etwa einst die Körperöffnungen des Säuglings mit Chrisam (geweihtes aromatisches Öl als Sinnbild des Heiligen Geistes) gesalbt, damit die ausgetriebenen Dämonen nicht mehr einfahren konnten, so beschränkt sich die Salbung heute auf das Salben der Stirn des Täuflings. Im anschließenden Absage- und Glaubensbekenntnis vor der Wassertaufe schwören Eltern und Paten stellvertretend für den Täufling dem Bösen ab. Unverkennbar ist indes der Taufexorzismus in der orthodoxen Kirche und von entsprechend magischer Gewalt sind hier das gesamte Ritual und die gesprochenen Gebete. So wird im ersten der Taufe vorausgehendem Exorzismus dem Satan unmissverständlich in Gottes Namen befohlen: „Erschrick, fahre aus und hebe dich hinweg von diesem Geschöpf und kehre nicht wieder zurück. Verbirg dich auch nicht in ihm, begegne ihm auch nicht, wirke auch nicht auf es ein, weder bei Nacht noch am Tage, nicht am Morgen und nicht zur Mittagszeit, sondern fahre hin in deinen Tartaros, bis zum großen Tag des Gerichtes."

gen, galt als heilsamer Zauber. Und einem Toten einen Segen oder Fluch in die kalte Hand gegeben, wirkte über das Grab hinaus.

Vor allem die Verkürzung des Zauberspruchs ist ein typischer Schriftzauber. So werden beispielsweise Zaubersprüche auf ihre Anfangsbuchstaben reduziert, und wenn es dem Magus gelingt, aus diesen Buchstaben ein neues Wort oder einen neuen Satz zu bilden, gilt der Zauber als besonders wirksam und zudem in seiner Verstellung unangreifbar. Andere Zaubersprüche werden im Schwindeschema notiert, das heißt, sie werden Zeile um Zeile um einen Buchstaben verkürzt, um sie auf ihre „Essenz" zu verdichten und zu verschachteln und so ihre magische Kraft zu potenzieren. Schreibt man beispielsweise das seit dem 3. Jahrhundert belegte Zauberwort „Abracadabra" als Dreieck im Schwindeschema, lässt es sich 1024-mal lesen. Der Ursprung des Wortes ist spekulativ, man vermutet ihn im Hebräischen und vor einem gnostischen Hintergrund. Es wurde bis in unsere Zeit als Amulett im Gesundzauber verwendet, wobei das Schwindeschema zur Geltung kam; die Krankheit sollte ebenso schwinden wie das geschriebene Wort.

Eine andere Art verkürzender Verdichtung ist ein altbekannter Zauber, der heute unter der Bezeichnung Sigillenmagie (Sigillum = Siegel) wieder populär ist. Hierzu wird der Zauberspruch niedergeschrieben und alle mehrfach aufscheinenden Buchstaben gestrichen. Die verbliebenen Buchstaben werden darauf zu einem, einem Monogramm ähnlichen Siegel bildhaft zusammengefasst. Mit diesem Zauber schließt sich gewissermaßen der Kreis zu den Anfängen der Schrift, nämlich hin zu den Kürzeln und reduzierten Symbolen, die vor Urzeiten als magische „Schriften" bereits an die Höhlenwände gemalt und in Orakelknochen geritzt wurden.

Die Musik

Mit der Erfindung des Grammophons kehrte die Musik in die Magie zurück. Einst war Musik – denken wir nur an den brummenden Klang des Didgeridoo der Aborigines oder die biblischen

Hörner, Pfeifen und Trommeln – nur ein Medium, um die Stimme der Geister zu imitieren und so mit ihnen in Zwiesprache zu treten, um sie zu locken oder zu schrecken. Mit der Entwicklung der Musik zur Kunstform verlor sie nichts von ihrer magischen Macht. Posaunenklänge ließen zu biblischen Zeiten Jerichos Mauern bersten, während ägyptische Priester Kranke und unfruchtbare Frauen mit magischen Weisen behandelten. In den antiken Mysterien war Musik ein wesentliches Element des magischen Rituals und in den Kirchen pries man mit ihr den Schöpfer und beschwor seine Engel hernieder. Derweil verstummte die Musik bei den mittelalterlichen Magiern, da sie mit ihrer Magie meist alleine blieben, während im volkstümlichen Zauber die bösen Geister weiter in ursprünglicher Weise mit Schellen, Rasseln und Trommeln verschreckt wurden.

Mit den Tonträgern kehrte die Musik ins magische Ritual zurück, wo sie als Untermalung wie auch als Mittel zur Herbeiführung einer Trance in tradierter Weise eingesetzt wird. Insbesondere in der mit magischen Elementen durchdrungenen Fetisch- und Gothikszene oder beim sich satanisch gerierenden Heavymetal werden eindeutig magisch orientierte Stücke komponiert.

Wie tief Musik auf unsere Psyche wirkt, können wir an den Erfolgen der Musiktherapie ablesen. So erzielt man mit der Methode der „akustischen Geburt" des französischen Arztes Alfred Tomatis (1920–2001) ungewöhnliche Erfolge bei behinderten Kindern. Tomatis simulierte hierzu ein Hören im Mutterleib, indem er Musikstücke von Mozart um Bässe und Mittelfrequenzen reduzierte und mit der verfremdeten Stimme der Mutter unterlegte. Ein magisch-mystisches Verständnis kosmischer Musik führte ihn zu seiner Entdeckung.

Zauberkreis

„Zu den magischen Proben ist allezeit das erste und nötigste Stück die Formierung eines Kreises, weil ohne denselben niemand vor den bösen Geistern beschützet und sicher ist."

So steht es in der „Pneumatologia Occulata et Vera", einem Agrippa von Nettesheim zugeschriebenen Zauberbuch. Der Kreis als ideale Form, klar begrenzt und zugleich mit seiner mystischen Zahl Pi ins Unendliche weisend, gleicht einer magischen Festung. In ihrem Zentrum sitzt der Magier, behütet und mächtig wie ein Fürst. Er kann die Geister vor oder in seinen Kreis zitieren, ihnen befehlen und sie wiederum in Kreise bannen. Er ist Zentrum und Schöpfer dieser kleinen nachgebildeten Welt; aufrecht stehend verbindet er im Kreis Himmel und Erde. Der Kreis umfasst ihn und potenziert seine Kraft, er ist ein geheiligter Ort. Über seine Peripherie fließen seinem Zentrum die angesprochenen Kräfte des ihn umfassenden Weltenkreises zu; er wird so selbst, in sich die Ewigkeit nachbildend, zum Zentrum der Welt. Hierzu markiert der Magier ein Tor, einen kosmischen Nabel, das er durch magische Formeln und Zeichen sichert und als Beherrscher des Kreises kontrolliert. Verlässt darauf, in Trance versetzt, sein Geist den Zirkel, um auf Wesen und Dinge einzuwirken, kann er durch dieses Tor unbeschadet ein- und austreten und in der Welt walten, ohne den Kontakt zu seinem respektive ihrem Zentrum zu verlieren.

Die Möglichkeiten und Beschreibungen, wie ein Zauberkreis gezogen werden soll, füllen Bände. Doch gleichgültig ob ein Kreis mit Kreide auf den Boden gezeichnet wird oder als wertvoller gewebter Teppich gearbeitet ist – der wahre Zauberkreis ist derjenige, den der Magus mit sich führt. Jedenfalls behaupten erfahrene Magier, dass, wo immer sie sich bewegen, sie ihren Schutz- und Wirkkreis mit sich führen. Solchermaßen verharren sie in der äußeren Welt agierend auch in ihrer inneren Welt und werden selbst zu einem wirksamen Symbol.

Messer, Stab und Mantel

Stellen wir uns einen Magier im bodenlangen schwarzen oder weißen Mantel vor, ein messingfarbenes Schild vor der Brust, den Mantel mit einem Zaubergürtel geschnürt, der mit Kristallen, Knochenamuletten und einer symbolträchtigen Schließe verziert ist; an dem Gürtel hängt ein geschwungener Dolch, auf dem Haupt trägt der Magier eine seltsame Mütze und in der Rechten hält er einen armlangen Zauberstab aus Haselholz, dessen Schnitzereien mit Blut ausgemalt sind. Eine solche Maskierung käme uns in der Tat lächerlich vor, würde sie uns in einer Anleitung zur Magie anempfohlen, entspräche sie doch dem Bild des märchenhaften Zauberers. Dennoch rüsten sich noch heute in etlichen magischen Sekten die Mitglieder in diesem Stil.

Mantel, Kappe und sonstige Utensilien sind nämlich allesamt dazu angetan, den Magier bei seinen Zauberhandlungen zu schützen. Keine Schließe und Öse, keine Applikation, weder Farbe noch Qualität der Kleidung waren ohne tiefgründige Symbolik. Die gewünschten Energien sollten mit der Robe angezogen und störende Kräfte abgewiesen werden. So aufgeputzt, traten schon die babylonischen Priester vor das Volk und die heutigen Priester halten es nicht anders, gleichgültig welche Religion wir betrachten. Was uns einerseits lächerlich anmutet, ist uns andererseits vertrauter Brauch. Das Bedürfnis, seine Leiblichkeit im Kontakt mit höheren Sphären zu verbergen, galt nicht nur der Sorge, zu verhindern, dass böse Dämonen in den Leib fuhren, sondern sollte auch die Spiritualität des Zelebrierenden hervorkehren; nicht der Mensch, sondern allein sein Spiritus sollte so für die Geistwelt sichtbar werden, auf dass er als Gleicher unter Gleichen agieren konnte. Gleichzeitig war die Robe auch ein Zeichen der Macht und Herrschaft über die Gemeinde im allgemeinen und im speziellen über die Dämonen.

Auch Zauberstab und Messer sind uralte Herrschaftsinsignien, denen jedoch im magischen Ritual eine eigene Bedeutung zukommt. Mit dem Zauberstab zieht der Magus seinen Schutz- und Bannkreis, schreibt magische Symbole in die Luft, um die ihnen entsprechenden Kräfte aus höheren Sphären herbeizuziehen und hat in ihm ein Instrument, die im Ritual potenzierte Kraft auf ihr Ziel zu lenken. Die Herstellung eines Zauberstabes war und ist ein kontemplativer und initiierender Akt. Der Magus kehrt in seinen inneren imaginierten Kreis ein, lässt sich von Zauberkräften umfassen und überträgt sie in die Symbole und Beschriftungen, die seinen Stab zieren sollen.

Heute werden Zauberstäbe auch nach Gesichtspunkten der Radiästhesie geformt, auf dass sie sensibler auf sphärische Einflüsse reagieren, wodurch sich die Kommunikation zwischen Magier und Geistwelt verbessert und der Zauber zusätzlich strukturiert wird. Ziert man etwa die Enden eines Zauberstabes mit Bergkristallen, bindet man neben der Klarheit des Geistes auch die Macht des Blitzes und legt sich gewissermaßen einen Donnerkeil in die Hand.

Das Zaubermesser oder Zauberschwert diente dazu, die Verbindung zum gerufenen Geist, aber auch einen Trennungszauber zu besiegeln. Letzteres konnte von sehr unterschiedlicher Natur sein. Im Heilzauber wurde der Dämon der Krankheit symbolisch aus dem Kranken herausgeschnitten, im Liebeszauber trennte ein magischer Schnitt ein Paar und im Exorzismus war es das Messer, das den Dämon von dem Besessenen trennte und ihn an der Rückkehr hinderte. Deshalb legte der Magier sein Messer auch ins Tor seines Schutzkreises, um die ungebetenen Geister abzuwehren. Und sollte sich doch einer in seinen Kreis verirren, so umzirkelte er ihn mit dem Dolch, ehe er ihn in den Boden stieß und damit den Geist bannte. In ähnlicher Weise hinderte er die verstorbenen Seelen an der Wiederkehr[1]. Gelegentlich aber war es auch das Zaubermesser eines Magiers, das im Todzauber einem Menschen das Leben kosten sollte. Hierzu „imaginierte" er entweder das Opfer in einen Gegenstand oder in die Fläche eines Tintenspiegels, um den tödlichen Stich zu führen, oder aber er warf das Messer selbst in tödlich symbolischer Weise.

---

1 In der neuheidnischen Magie unterscheidet man das Ritualmesser vom Messer für den magischen Gebrauch. Das Ritualmesser wird in diesem Fall Athame genannt und sollte dann auch zwingend in Anlehnung an ein Schwert ein zweischneidiger Dolch sein. Häufig besitzt die Athame einen schwarzen Griff. Das Gebrauchsmesser ist dagegen eine Sichel zum Kräuterschneiden und wird Boline genannt; sie verfügt meist über einen weißen Griff.

Opfer, Rauch und Feuer

Die Vorstellung des Ausgleiches von Geben und Nehmen zum Erhalt der Kräfte ist nicht nur eine Grundlage für das soziale Miteinander, sondern auch für das Wirken der Magie. Der Dämon erhält geistige Zuwendung und damit irdische Festigkeit, dank der Anrufung durch den Magier tritt er in die sonnenbeschienene Wirklichkeit, um hier in dessen Sinn zu wirken. Zum „Ausgleich" opfert der Magier dem Dämon. Die Art des Opfers hängt dabei häufig von der Art des Zaubers ab. Im Liebeszauber zum Beispiel werden Blumen oder Kerzen gestiftet, während im Gesundzauber häufig versilberte Votive[1] der erkrankten Körperpartien gegeben werden. Im äußersten Fall kann das Opfer wie im faustschen Teufelspakt eine Seele sein, wobei in der literarischen Vorlage das eigentliche Opfer das jungfräuliche Gretchen und nicht Fausts Seelenheil war.

Das bevorzugte Opfer ist jedoch seit alters das Rauchopfer – wobei solche Rauchopfer einst unvergleichlich wertvoller waren als heutzutage, da Weihrauch ein knappes und teures Gut war. Der aufsteigende Rauch versinnbildlicht die Verbindung zwischen Himmel und Erde; Geist und Materie treten in Zwiesprache. Er ist der Seele ähnlich, die häufig als rauchige Aureole gedacht wird. Doch auch das Üble konnte sich im Rauch zeigen. So dachte man sich den verderbenden Pesthauch als blaue Rauchfahne, der wiederum nur durch Räuchern gebannt werden konnte. Eine eigene magische Kunst war das Wahrsagen aus dem Rauch, auch Libanomantie genannt. Wie stark Symbolik und magisch-psychische Affinität miteinander verschränkt sind, zeigt einmal mehr die Deutung einer Momentaufnahme vom Anschlag auf das World Trade Center in New York vom 11. September 2001: Hier sahen viele Menschen in einer Rauchfahne eine diabolische Fratze.

Im magischen Ritual kommen dem Rauchopfer verschiedene Bedeutungen zu. Einmal ist es Medium, um mit der angerufe-

---

1 Votivus (lat.) = gelobt. Im Volksmund als Opfer verstanden. Es sind Bitt- oder Dankopfer, die meist an Wallfahrtsorten gestiftet werden.

nen Sphäre in Kontakt zu treten. Zum anderen ist es Stimulans für die Sinne des Magiers, auf dass die erwünschte sympathetische Verbindung Festigkeit erfahre. Gleichzeitig ist das Räuchern auch ein Reinigungsritual, ein in der Magie besonders bedeutsamer Moment; denn durch die Reinigung befreit sich der Magus von unguten Anhaftungen, er erhöht sich, gleicht sich der Lauterkeit der höheren Sphäre an und macht sich ebenso unangreifbar. Die Atmosphäre in und um den magischen Kreis wird deshalb mit Räucherwerk geklärt und ungute Geister vertrieben. Darüber hinaus lässt sich durch ausgewähltes Räucherwerk die Stimmung einer Örtlichkeit im magischen Sinne beeinflussen.

Das Feuer, Symbol der Reinigung und des Neuanfangs, ist nicht nur flammender Grund für jede Räucherung. Während eines Rituals versinnbildlichen meist brennende Kerzen sphärisches Licht, Seelenlicht und fortwährende Reinigung und so vermag im magischen Ritual der Blick in die Flamme zum Blick in eine Anderwelt zu werden. Wie archaisch tief aber auch die psychische Verankerung vom Lichtkreis der Kerze als ein das Böse verdrängender Bannkreis in uns ruht, zeigte in überwältigender Weise 1992 ein Ereignis in München, das nicht ohne Magie war. Damals versammelten sich 400.000 Menschen auf den Straßen, um Kerzen gegen Ausländerfeindlichkeit und Rechtsradikalismus anzuzünden. Diese Manifestation wurde als Lichterkette weltbekannt.[1]

Das Geheimnis

Magie ist die Kunst, das Verborgene zu entschleiern sowie umgekehrt Offenbares zu verbergen. Hierzu versucht der Magier in übersinnliche Sphären einzudringen und dort Zusammenhänge wie Wirkweisen zu erkennen, die anderen Menschen verschlossen bleiben. Die erkannte Beziehung zwischen dem Verborgenen und Offenbaren, dem Übersinnlichen und Sinnlichen ist dabei das eigentliche Geheimnis der Magie.

---

1 Aus dieser Aktion entstand eine Bürgerrechtsvereinigung Namens Lichterkette e.V. (www.lichterkette.de).

Ein enthülltes Geheimnis ist zunächst ein Wert für sich. Man weiß, dass man mehr als seine Mitmenschen weiß. Ein Geheimnis stärkt das Machtgefühl, erlaubt es einem doch, sich über die Unwissenden erhaben zu fühlen. Freilich wird ein Wissen, von dem andere zwar wissen, dass man es besitzt, sie jedoch seinen Umfang wie Inhalt nur erahnen, noch kostbarer, da hierdurch der Status des Eingeweihten allen offenbar ist. Ein Status, der wirksam Macht begründet und die Gemeinschaft in Priester und Gemeinde trennt. Und so ist etlichen die Macht des Geheimnisses primärer Grund, sich der Magie zuzuwenden.

Ein Geheimnis will einerseits bewahrt und andererseits geteilt werden. Der ursprüngliche Wortsinn von „geheim" ist „der im gleichen Haus ist". Deshalb bleiben die Eingeweihten unter sich und weihen Hinzukommende nur nach sorgfältiger Prüfung ein. Die Praxis der Geheimkulte, der verschworenen Gemeinschaften, die ein besonderes Mysterium bewahrten, können wir bis zu den Anfängen unserer Kultur verfolgen und sie setzt sich bis heute fort. Heute sind es vor allem Satanisten und Anhänger des Wiccakults (siehe Seite 97), eine neukeltische Naturreligion, die in geheimen Bünden ihre Mysterien feiern.

Das Wort Mysterium leitet sich vom griechischen Demeterkult, einem weiblichen Fruchtbarkeitskult, ab und bedeutet dem Wortsinn nach „der die Augen schließt". Dies führt zum höchsten Grad des Geheimnisses, nämlich zum unbeschreibbaren, nur dem unmittelbar Schauenden zugänglichen Mysterium. Es ist die transzendente Wahrnehmung wirkender Magie, die sinnliche wie übersinnliche Erfahrung der Existenz eines magischen Raumes. Es ist eine unteilbare holotrope Einsicht, eine existenzielle Glaubensgewissheit, die dem Adepten widerfährt. Er hat den Punkt erreicht, an dem gilt: Worüber man nicht sprechen kann, darüber sollte man schweigen. Versteht er dies nicht, wird er so schwatzhaft wie moderne Esoteriker, die sämtliche Geheimnisse ausplauderten und dabei doch kein Quentchen des Verborgenen offenbaren konnten.

Und so muss man, um dem eigentlichen Mysterium der Magie zu begegnen, die Augen schließen und sich in den magischen Raum vorantasten. Bleiben die Augen geschlossen, trägt man kein Bild mit hinein, das sich zwischen Sehenden und Geschautes stellt. Wahre „Einsicht" wird möglich. Und der Mann oder die Frau, die so schauen konnten, galten im Demeterkult als „Epopt"[1], als Schauende, denen der dritte und damit höchste Grad der Einweihung zuteil wurde.

Das Pentagramm

Das Pentagramm wird auch Drudenfuß genannt, da man einst mit ihm die Druden, die Albträume verursachenden Nachtmahre, bannte. Heute ist es das Zeichen, mit dem man gemeinhin alle Arten der Magie verbindet, auch wenn es in seiner tradierten Bedeutung kein explizit magisches Symbol ist. Von der Antike bis zur Moderne wurde es geradezu als ein Abwehrzeichen gegen jeden Zauber angesehen. Dies mag an seiner überragenden formalen Ausgewogenheit gelegen haben, mit der es unseren Augen schmeichelt. Pythagoras ergründete diese Harmonie und entdeckte dabei den goldenen Schnitt, der sämtliche Linien des Pentagramms strukturiert.

Da die in sich verschlungenen Linien des Pentagramms mit einem Zug gezogen werden können, ist es ein Ewigkeitssymbol. In den Kirchen schützte es häufig den nach Westen, zur Nachtseite hin ausgerichteten Eingangsbereich. Das Ungute sollte sich in ihm verfangen und zurückgewiesen werden. Seine fünf Spitzen standen in der christlichen Tradition für die fünf Wundmale Christi. Als Symbol für den Mikrokosmos, die Welt der Erscheinungen, füllte man seine Fläche mit einer Menschengestalt. Das Ureine, der Makrokosmos, schlug dabei den Zirkel um den Fünfzack. Ihm streckte sich aus dem Zentrum der Mensch entgegen

---

1 Das Wort Epopt (griech.) leitet sich von opsis, sehen, schauen ab. Es meint den Aufseher respektive Augenzeugen.

in seinem Willen und seinem Sehnen, seine Welt zu transzendieren und das Allumfassende zu schauen.

Dass das Pentagramm trotz seiner gegenteiligen Symbolik zum gebräuchlichsten magischen Zeichen wurde, dürfte seinen Grund in seiner Adaption durch den Manichäismus haben, der vom Perser Mani (216–277) gestifteten gnostischen Religionsgemeinschaft. Ihren Anhängern galt die Fünf als heilige Zahl, erachteten sie doch neben den antiken vier Elementen das Licht als fünftes und höchstes Element, das sie durch die himmelwärts gerichtete Spitze des Pentagramms darstellten. Ihm gegenüber sahen sie im gestürzten Pentagramm, mit dem sich heute Schwarzmagier schmücken, fünf okkulte Elemente mit der absoluten Finsternis als erdwärts weisende Spitze.

Als magisches Medium verstanden, zeichnet der Magier mit seinem Messer das aufrechte Pentagramm von seiner linken unteren Spitze her im Uhrzeigersinn, um einen Geist anzurufen. Zieht er indes das Messer von der himmelwärts gerichteten Spitze her gegen den Uhrzeigersinn, so zieht er den Geist in seinen Kreis, um ihn zu bannen. In Goethes Drama ließ Faust versehentlich die Spitze des Pentagramms auf seiner Schwelle offen, so dass Mephisto[1] zwar hineinschlüpfen, doch ohne Fausts ausdrückliches Geheiß nicht mehr entschwinden konnte.

1 Faust I, Studierzimmer

IV

Magie zur linken und zur rechten Hand

Ich tauche meine stirn im höchsten rausche trunken
In diesen ozean der andre in sich reiht
Bis mein verfemter geist im wellenspiel versunken
Euch wiederfinden wird – o trägheit – lebensfunken!
Endlose wiegungen gesalbter müssigkeit.

Die Frage, ob der Magus eine Magie zur linken oder zur rechten Hand betrieb, war einst eine Frage auf Leben und Tod. Sinister war die Magie zur linken Hand, die schwarze Magie, während die Magie zur rechten Hand, die „Magia alba", als eine mit den himmlischen Gesetzen verträgliche Zauberkunst galt. Heute ist die Unterscheidung zwischen schwarzer und weißer Magie eher eine Glaubensfrage unter den magischen Adepten. Da sind zum einen die zur Linken und zur Rechten, die sich eindeutig zum Charakter ihrer Magie bekennen, und zum anderen jene, die dazwischen stehen und meinen, Magie sei weder schwarz noch weiß, allein der Zweck verliehe ihr die Farbe.

Jede dieser drei Ansichten gründet auf einer für sich gültigen Wirklichkeit. Wobei es grundsätzlich zwei magische Momente gibt. Der eine erhält seinen Impuls aus einer bipolaren, der andere aus einer monopolaren Sphäre der Magie. Fließen in der bipolaren Sphäre Schwarz und Weiß ineinander über und werden sich so zum wechselseitig erhaltenden Gegensatz, gibt es in der monopolaren Sphäre nur Weiß ohne jeglichen erhaltenden finsteren Widerpart, so wie eine spiegelverkehrte Monopolarität von der sinisteren Seite angenommen wird.

Der nachfolgende Blick auf die verschiedenen Ausbildungen der Magie und ihre magischen Momente richtet sich vornehmlich in die Gegenwart, in der in der Auseinandersetzung und im Wettbewerb verschiedener Auffassungen die Magie nicht nur wieder erblüht, sondern sich womöglich gar ein neue Magie herausbildet.

1. Die profane Magie

Als profane Magie kann man den Zauber um des Zaubers willen ebenso wie eine volkstümliche, am Brauchtum orientierte Magie klassifizieren. Beiden ist gemein, dass die Praktizierenden nach dem Motto handeln: Was nützt, ist gut! Es ist überwiegend eine apotropäische[1] Magie, eine bösen Zauber abwehrende Magie, die hier betrieben wird, neben voluntativer[2] Zauberei, bei der meist mit einer geradezu kindlichen Naivität Wünsche mit Mitteln der Magie verfolgt werden. In ihrem Wesen und ihrer Praxis ähnelt solch profane Zauberei der uralten animistischen Magie, auch wenn das magische Weltbild mittlerweile ein anderes ist. Man erfasst die Umwelt und die in ihr enthaltenen Dinge nicht mehr als beseelt, sondern glaubt an umfassende wie punktuelle Zauberkräfte im Sinne eines Mana oder Orenda. Zur Herleitung der Zauberkraft wird dabei gerne auf eine übertragene Mittlerrolle der Kirche zurückgegriffen oder zumindest ein religiöser Kontext kon-

---

1 Unheil abwehrend, insbesondere erfolgten Zauber eliminierend.
2 Vom Wunsch bestimmt, dem Wunsch folgend.

struiert, während eine autonome in der Person begründete Zauberkraft eher verpönt weil schwarzmagisch bedacht ist. So schenkt zum Beispiel vielerorts eine Patin dem Täufling ein goldenes Armband mit einem Kreuz als Amulett. Damit soll das Gedeihen des Säuglings gefördert und Unglück von ihm abgehalten werden. Dieses Armband lässt die Patin im Taufzeremoniell durch den Priester weihen. Keinesfalls aber würde sie es wagen, selbst wenn sie sich zaubermächtig wähnte, es selbst zu weihen, stünde doch solch eigenmächtiger Segen, da man sich über die Zaubermacht des Priesters hinwegsetzte, im Ruch der Schwarzzauberei.

Widerzauber, Abwehrzauber und Schutzzauber

Auch in der profanen Magie weiß man zwischen schwarzer oder weißer Magie zu unterscheiden. So gilt die magische Verfluchung eines Feindes eindeutig als schwarz magisches Tun. Ist man jedoch Opfer eines solchen Fluches geworden, vermag ihn nur ein Zauber abzuwehren. Dieser Widerzauber muss freilich von gleicher, wenn nicht gar von größerer Mächtigkeit sein. Denn nur wenn der Widerzauber stärker ist, schadet er auch dem Angreifer. Solcher Schadenszauber aber gilt, weil abstrafend, wie der Widerzauber als gleichermaßen weißmagisch.

Der Widerzauber ist apotropäisch. Der Zauber gegen einen Zauber gilt allgemein als schwierig, da er ein Quantum vorhandener Zauberkraft in der Person voraussetzt. Deshalb wird für solchen Zauber gerne ein Magier oder eine Hexe konsultiert. Anders ist dies beim Abwehrzauber, der sich nicht gegen einen erfolgten Zauber, sondern gegen eine unbestimmte magische Bedrohung richtet. Dies kann etwa ein verworfener Tag sein, wie es allgemein Freitag der Dreizehnte[1] ist, oder sich generell gegen die Abwehr böser Geister und beklemmender Stimmungen richten. Auch hier kommen vielfach religiöse Medien zum Einsatz. Beispielsweise

---

1 Dass ein Freitag der 13. als ein Unglückstag gilt, ist ein relativ junger Aberglaube. Er dürfte seine Wurzeln in der ersten Hälfte des 20. Jahrhunderts haben. Er ist zudem auf die westliche Welt beschränkt.

➤ MANA UND ORENDA ➤

Die aus der Völkerkunde entlehnten Begriffe Mana und Orenda umschreiben zwei einander ähnliche und dennoch verschiedene Auffassungen magischer Kraft. Beide Kräfte sind für sich neutral, das heißt, sie können sowohl zum Guten wie zum Schlechten hin wirken.

Der Begriff des **MANA** *stammt aus dem polynesischen Kulturkreis und weist auf eine charismatische Zauberkraft hin, die Wesen und Dingen eigen sein kann. So besitzt nicht jeder Mensch und nicht jeder Stein, um ein Beispiel zu nennen, Mana. Doch kann Mana einem Menschen wie einem Stein zufließen. Ist dies geschehen, sind sie zaubermächtig und werden aufgrund der ihnen innewohnenden Zauberkraft erkannt. Das Mana kann sich aber auch, vor allem durch Missbrauch, in Wesen wie Dingen wieder verlieren. Mana ist eng mit der Vorstellung von Tabu verknüpft. So besitzt ein Tabuobjekt eigenes Mana. Wird das Tabu verletzt, wirkt sich sein Mana verheerend aus. Unser Reliquienkult weist Parallelen zur Vorstellung von Mana auf.*

Von den Irokesen wurde der Begriff **ORENDA** *übernommen. Mit ihm wird eine Zauberkraft umschrieben, die als solches in der Welt ist und gleich dem Mana Wesen und Dingen zufließen und sich über diese mit anderen verbinden kann. In diesem Sinne gleicht Orenda der modernen esoterischen Vorstellung von „Energie", die einerseits unspezifisch allem innewohnt, jedoch andererseits durch Übung und Konzentration geweckt und potenziert werden kann und dabei durch die Intention des Übenden Polarisation erfährt. Darüber hinaus bleibt Orenda den Dingen erhalten und kann sich durch Kontakt übertragen; was insbesondere im Heilzauber von erklärender Bedeutung ist.*

gibt es in etlichen Kirchen die Möglichkeit, geweihtes Wasser für den privaten Gebrauch abzuzapfen, mit dem man Mensch, Tier und Haus besprengt. Oder man geht am Vorabend des Dreikönigstages zur Kreideweihe in die Kirche, um anderntags die Cabame, das Schutzsiegel „C+B+M" – das für Christus mansionem benedicat, „Christus segne das Haus", steht und im Volksmund mit dem Namen der Heiligen Drei Könige, Caspar, Melchior und Balthasar, gleichgesetzt wird –, zwischen die aktuelle Jahreszahl über die Haustüre zu schreiben. Diese Kreide wird über das Jahr aufgehoben, um mit ihr gegebenenfalls zauberwirksame Symbole zu zeichnen.

Mit dem Weihwasser verbindet sich wie von selbst ein heilsamer Zauber, da es in der Osternacht vom Priester exorziert, mit geweihtem Salz versetzt und durch sein Gebet gesegnet wird. Folglich ist Weihwasser auch ein ideales Medium für den Schutzzauber. Der Schutzzauber wirkt vorbeugend. Durch ihn sollen das Eigentum, die Person sowie das eigene Handeln von unguten Einwirkungen abgeschirmt werden. So gibt man in den Grundstein oder unter die Hausschwelle Amulette, die zuvor mit Weihwasser besprengt wurden, damit das Böse erst gar nicht über die Schwelle gelangt. Ebenso erhalten persönliche Amulette durch das Weihwasser erst ihre magische Kraft.

Grundsätzlich dient der Schutzzauber dazu, sich ein positives Umfeld zu verschaffen, er besitzt quasi Züge des positiven Denkens, indem der Schutzsuchende durch die Zauberhandlung einen entsprechend positiven Impuls versetzt. Es ist eine äußerst unverfängliche Magie, da sie nicht im Widerstreit mit dunklen Kräften steht. Häufig verschränkt sich ein Schutzzauber mit absichernden abergläubischen Handlungen.

Heil- und Liebeszauber

Beide Zauberpraktiken sind in der profanen Magie weit verbreitet, da zum einen häufig nach ihnen verlangt wird und sich zum anderen in ihnen ablesbar die magische Kraft offenbart. Es sind quasi

Zauberhandlungen mit Erfolgskontrolle. Der Heilzauber dürfte eine der ältesten magischen Praktiken sein. Unser Wissen um die Heilkraft der Kräuter verdankt sich teils dieser Tradition. Auch heute noch werden Heilkräuter nach magischen Regeln gesammelt, etwa unter Beachtung der Mondrhythmen; die anthroposophische Kräuterkunde ist voll solcherart magischer Entsprechungen. So werden dort im alchemistischen Verständnis Metallsalze in Kräuterbeete gegeben, um die Heilkräuter zu „metallisieren". Das Handauflegen, um einem Kranken gesunde Kraft zu übertragen, eine uns eingeborene Trostgeste, galt im frühen Christentum als Ausweis der

⫸ DAS ‚SECHSTE UND SIEBTE BUCH MOSES' ⫷

Das sechste und siebte Buch Moses wurde vermutlich im 18. Jahrhundert verfasst. Es beinhaltet eine Sammlung volkstümlicher Zauberrezepte. Sein Erfolg beruht vor allem auf der dreisten Behauptung, in ihm sei das geheime magische Wissen Moses verzeichnet.

Ein Diebsbann aus dem sechsten und siebten Buch Moses, beispielhaft für viele andere ähnliche Zauberanleitungen. Es handelt sich dabei um einen analogen Zauber.

„Gehe Morgens früh vor Sonnenaufgang zu einem Wachholderbusch und bring ihn gegen Sonnenaufgang auf die Erde und lege einen Stein daran: unter diesen Stein und Busch lege einen Hirnschädel von einem Übeltäter und sprich: „Wach Holderbusch, ich tue dich bücken und drücken, bis der Dieb dem (Namen) sein gestohlen Gut wieder an seinen Ort getragen hat +++." Wenn der Dieb das gestohlene Gut wieder gebracht, so tue den Stein wieder an seinen Ort tragen, wo du ihn genommen hast, und den Busch wieder loslassen."

Glaubenskraft und findet sich heute in verschiedenen Ausformungen der „alternativen" Medizin wieder, die unter anderem auch die magische Wirkung von Edelsteinen und Farben für sich entdeckte. Das Handbuch des deutschen Aberglaubens listet allein über 1.000 Stichwörter zum Heilzauber auf. Und so wird heute wie einst geräuchert oder ein auf reines Papier geschriebener Genesungsspruch verbrannt und der Kranke mit der gewonnenen Asche gesalbt.

Im Liebeszauber kommen vor allem sympathetische Vorstellungen zur Geltung. Man sucht nach Zeichen, die Locken, Bindung, Ergreifen oder Festhalten versinnbildlichen, und vermischt sie munter mit Liebessymbolen und voluntativen Zaubersprüchen, auf dass die magische Attraktion sich in der Wirklichkeit bestätige. Der Ringtausch zur Hochzeit ist ein Bindezauber, der von Verliebten ebenso vollzogen wird wie das Knoten von Freundschaftsbändern ums Handgelenk oder der Tausch von Kleidungsstücken. Soll eine einseitige Liebe Gegenliebe finden, gilt es, den Geliebten zu locken, indem man ihm ein Stück von sich, etwa ein Haar, zusteckt. Häufig wird solch ein Gut mit einem aufnotierten Liebeswunsch verbrannt und der Geliebte mit der Asche heimlich bestrichen. Ebenso versucht man, sich ein Stück des Geliebten zuzueignen, um ihn magisch zu ergreifen. Auch der sich Abwendende soll durch Magie zurückgezwungen beziehungsweise an einen gefesselt werden, wozu man rote Schnüre verknotet oder das Bild des Geliebten umschnürt.

Der Liebeszauber wurde durch alle Zeiten hindurch zwiespältig beurteilt, beraubte er doch den Partner seines freien Willens zu wählen. Im Mittelalter galt er als Malefizum[1], mit dem ungezählten Frauen der Vorwurf der Hexerei gemacht wurde. Auch heute gilt der Liebeszauber, obwohl mittlerweile ein einträgliches Geschäft, nur in wenigen Ausnahmen als erlaubt, etwa um einem schüchternen Verehrer oder müden Geliebten auf die Sprünge zu helfen. Eine nachträgliche Aufdeckung führt interessanterweise häufig zum Bruch einer Beziehung.

1 Verbrechen, böse Zauberei.

Der magische Alltag

Im Prinzip spiegeln sich in der profanen, volkstümlichen Magie sämtliche Zauberpraktiken wider, die wir auch in der ritualisierten Zauberei der „professionellen" weißen und schwarzen Magier wiederfinden. Der Unterschied liegt vor allem darin, dass in der profanen Magie nicht systematisch und in keinem rituellen oder zeremoniellen Kontext gezaubert und weitestgehend auf die Anrufung von Hilfsgeistern verzichtet wird. Es ist zudem keine Magie für sich, sondern eine am Zweck orientierte. Hierbei besinnt man sich ebenso häufig auf tradierte, von Generation zu Generation gereichte Zauberhandlungen, wie man andererseits leichthin einen Zauber konstruiert, indem man nach wirksamen Entsprechungen sucht.

Ist beispielsweise jemand ernsthaft oder chronisch krank, greift man zu einem Heilzauber. Wünscht sich jemand seinen Liebsten zurück oder möchte eine Person betören, wird ein Liebes- oder Bindezauber inszeniert. Will man wissen, was einem das Schicksal beschert, deutet man die Karten oder starrt in eine Kristallkugel. Sucht man nach der Hinterlassenschaft eines Verstorbenen, setzt man sich zum Gläserrücken zusammen oder schwingt das Pendel. Gilt es einen Dieb oder Verräter ausfindig zu machen, greift man zu einem ererbten Schlüssel und nennt die Namen der Verdächtigen, bis der Schlüssel beim richtigen Namen ein deutliches Zeichen gibt. Oder man belegt den Halunken mit einem Bann, auf dass er so lange keine Ruhe mehr findet, bis er seine Tat selber sühnt. Hegt man unerfüllte Wünsche, so flicht man sie in einen Zauberspruch, den man in eine Kerze ritzt, sie ansteckt und ihn mit dem Licht den guten Geistern schickt. Es gibt praktisch keine Gelegenheit und Schicksalsfügung, die nicht mit einem Zauber begleitet werden kann, auf dass sie sich zum Guten wende oder zumindest einen das Böse nicht übermanne. Und wer sich solch alltäglichem Zauber entzieht, der lässt die Magie doch meistens zu hohen Feiertagen, zu Hochzeit, Geburt und Tod zu, indem er die Zauberei zumindest als Brauchtum für sich gelten lässt.

≋ MAGISCHE TAGE ≋

*Spätestens seit die Chaldäer vor gut 4.000 Jahren die Sternen-
schau zu einer Wissenschaft erhoben und in Anlehnung an die
sieben Wandelsterne die Siebentagewoche erfanden, wird den
einzelnen Wochentagen magische Bedeutung unterlegt. Die nach-
stehenden Zuweisungen der Engel und Dämonen folgen Agrippa
von Nettesheim und haben sich bis heute in der magischen Szene
weitgehend behauptet:*

SONNTAG: *Sein Planet ist die Sonne, sein Engel Raphael, sein
Dämon Aciel. Es ist der Tag des Wunschzaubers.*

MONTAG: *Sein Planet ist der Mond, sein Engel Gabriel, sein
Dämon Marbuel. Es ist der Tag schlechten Zaubers, des Bindens
und des Bannens.*

DIENSTAG: *Sein Planet ist der Mars, sein Engel Camael, sein
Dämon Apadiel. Es ist der Tag des Abwehrzaubers.*

MITTWOCH: *Sein Planet ist Merkur, sein Engel Michael, sein
Dämon Ariel. Es ist der Tag des mantischen Zaubers.*

DONNERSTAG: *Sein Planet ist Jupiter, sein Engel Zadkiel, sein
Dämon Mephistopheles. Es ist der Tag des Heilzaubers.*

FREITAG: *Sein Planet ist Venus, sein Engel Haniel, sein Dämon
Anael. Es ist der Tag des Liebeszaubers.*

SAMSTAG: *Sein Planet ist Saturn, sein Engel Zaphiel, sein
Dämon Barbiel. Es ist der Tag des Beschwörungs- und des
Widerzaubers.*

Längst wird das allgemeine magische Verlangen nicht nur mit Hilfe von Büchern gestillt, sondern mit einem gut sortierten Devotionalienhandel bedient. Griff man einst zum „sechsten und siebten Buch Moses", einer volkstümlichen Zauberschrift aus dem 18. Jahrhundert, die allerlei obskure Zauberhandlungen zum Schutz- und Heilzauber anpreist, so findet sich heute vom naiven Hexenzauber für junge Mütter bis zur weiß auf schwarz gedruckten satanischen Bibel für so gut wie jede Lebenslage eine magische Schrift. Und wem für seinen Heimzauber Zauberstab, Zauberdolch oder Zauberkerze fehlt, der kann sich diese Utensilien vom magischen Versandhandel nach Hause schicken lassen und dazu noch Tauben- oder Drachenblut bestellen, selbstverständlich auf rein pflanzlicher Basis, soll doch kein Täubchen und kein Salamander für die Magie gemeuchelt werden.

Chaosmagie, oder alles ist erlaubt

In den achtziger Jahren des vergangenen Jahrhunderts etablierte sich mit der Chaosmagie eine magische Richtung, die in ihrem Charakter der profanen Magie ähnelt. Das Prinzip der profanen Magie: Erlaubt ist, was nützt, ermöglicht die unbefangene Adaption unterschiedlicher magischer Praktiken. So vermischen sich in der profanen Magie Aberglaube, heidnische und kirchliche Rituale zusammen mit spontan kreierten Entsprechungen zu einem diffusen sich von Fall zu Fall verändernden Zauberwesen.

Ähnlich eklektizistisch geht der Chaosmagier vor, indem er fernab jeder traditionellen Bindung konzeptlos magische Praktiken aus allen Kulturen und aus allen Zeiten für seine Magie übernimmt. Hierbei zeigt er keine Berührungsängste, weder mit schwarzmagischen oder satanistischen Praktiken noch mit Auswüchsen der Ekelmagie. Er integriert sie ebenso unbefangen in weißmagische Rituale, wie er religiöse und sakramentale Riten aufgreift, um sie magisch umzudeuten.

Im Gegensatz zum profanen Magier orientiert sich der Chaosmagier in seinem Tun jedoch nicht an einem Zweck, sondern versteht seine Magie als eine Form der Theurgie; dabei sucht er nur indirekt Gotteserkenntnis, da sein magisches Streben von der Vorstellung einer individuellen und universellen Einsicht in ein gottloses Sein gelenkt wird. Gewonnene Einsichten aber verwirft er wieder und geht sie unter veränderten magischen Vorzeichen erneut an. So blickt er aus verschiedenen Richtungen über den Zaun. Er ist der ungläubige Hexer, der Zaunreiter, der, wenn überhaupt, nur an eines glaubt: an die bewegungslose Bewegung, den leeren Raum – was sinngemäß Chaos bedeutet. Im Chaos sieht er den Urgrund, in der Ordnung seine Erstarrung, die sich nur im heilsamen Chaos lösen kann.

Ähnlich dem lauteren weißen Magus wähnt er seine Magie, weil nicht fixierbar, jenseits allen anderen. Sie soll ihn aus dem Kreis bipolarer Abhängigkeiten katapultieren in einen Raum jenseits aller Dualitäten. Hierfür zerwürfelt er die Magie zur linken und zur rechten Hand und zwingt sie in Erwartung des befreienden Impulses ins Chaos. Ist seine Magie gelungen, wäre er im gnostischen Sinne ein Pneumatiker, ein Wesen, das jenseits von Gesetzmäßigkeit und Moral steht. In solcher Weise aber bleibt er zumindest der Negation des Bipolaren verbunden und mit ihr dem Entflohenen verhaftet, indem er es überwindend in sich vereint. Er mag es in der Folge so weit füllen, dass sich die Grenzen zwischen schwarzer und weißer Magie aufheben. Doch da er den bipolaren Raum nur verneinend in sich integriert, ihn aber nicht transzendiert, bleibt er ein ihn Umschließender, ein Ouroboros, der die Grenzlinie umschließt, sich dabei jedoch in das eigene Ende beißt und so seinem Fluchtreflex chaotische Ewigkeit verleiht – steht doch das Bild des Ouroboros für die Weltenschlange, die sich vom Schwanze her selbst verschlingt und hierdurch die ewige Wiederkehr des Lebenszyklus bewirkt. In diesem Sinne ist Chaosmagie die Avantgarde zur bipolaren Magie und unter dem populären Begriff „Küchenmagie", bei der auch mal der Rührbesen zum Zauberstab werden kann, in der Tat auch ein bedeutender Impulsgeber für das breite Wiederaufleben der profanen Magie.

2. Die Begegnung von schwarzer und weißer Magie

" Die Magie ist zweifacher Art: die eine ist eine Magie Gottes, die er den Creaturen des Lichtes schenkt; die andere, auch eine Magie Gottes, ist ein Geschenk der Creaturen der Finsterniß und ist wieder zweierlei, eine zu gutem Zwecke, wenn die Fürsten der Finsterniß durch göttliche Gewalt gezwungen werden, den Creaturen Gutes zu thun, die andere aber gereicht zu bösem Ende, wenn nemlich Gott, um die Bösen zu strafen, es zuläßt, daß sie zu ihrem Verderben durch Zauberei betrogen und verführt werden. "

So steht es im „Arbatel de magia", einer Zauberschrift, die 1565 Agrippa zum ersten Mal veröffentlicht hatte. Goethe legte in diesem Sinne Mephisto den Satz in den Mund: „Ich bin ein Teil von jener Kraft, die stets das Böse will und stets das Gute schafft."

Besieht man sich jedoch das Wirken der rituellen respektive der zeremoniellen Magie, wie sie sich auch nennt, und zu der sich die schwarze wie die weiße Magie zählen, kann man diesen strikten Dualismus nicht erkennen. Hierzu bleiben beide Fraktionen der Magie in ihrem Versuch, sich gegeneinander abzugrenzen, zu sehr aufeinander bezogen. Zudem verwischen sich die Grenzen beider hinsichtlich ihrer Ziele und der angewendeten Praktiken. Der zitierte Satz aus dem „Arbatel" ist geradezu als Einladung im faustschen Sinne zu verstehen, einen Pakt mit dem Dunklen zu schließen, sofern es der eigenen Magie nützt und man sich selbst nicht zu den Verworfenen zählt, die von ihm verschlungen werden können. Der Titel des dem im 16. Jahrhundert lebenden sagenhaften Dr. Johannes Faust zugeschriebenen Zauberbuches ist diesbezüglich jedenfalls eindeutig: „Doktor Fausts großer und gewaltiger Höllenzwang, mächtige Beschwörungen der höllischen Geister, besonders des Aziels, daß dieser Schätze und Güter von allerhand Arten gehorsamvoll, ohne allen Aufruhr, Schreckensetzung und

Schaden vor den Crayß seiner Beschwöhrer bringen und lassen müsse." Der hier herbeibeschworene Aziel galt als einer von sieben Höllenfürsten, der der Sage nach den Dr. Faust bei seinem Tode am Halse packte und ihn, den Pakt einlösend, in die Hölle zog. Bemerkenswert ist nur, dass dieser Dr. Faust, obwohl als Schwarzmagier verschrien, nicht der Inquisition anheim fiel, sondern sogar am Hofe von Kaiser Maximilian I. (1493–1519) seiner Magie nachgehen konnte.

Der Grund für solche Schonung lag wohl im ambivalenten Verhältnis der Kirche zum Widerzauber. Landauf, landab litten die Menschen des Mittelalters unter den verschiedensten Auswüchsen vermeintlicher Behexung wie Impotenz und Liebeswahn, Inkubus und Sukkubus[1], Hagelschlag und Milchzauber. Nicht immer half dagegen kirchlicher Exorzismus, sondern nur der Pakt mit einem mächtigeren als dem verursachenden Dämon. Solcher Zauber galt zwar als unerlaubt und manche Geistlichen rieten selbst bei angehexten tödlichen Krankheiten eher zum Tod des Behexten, als dass sie einem Widerzauber zustimmen wollten. Andere aber waren durchaus bereit, solchen Zauber zu dulden, sofern die Befreiung anhaltend war und von einem gut beleumundeten Magier durchgeführt wurde. Gleichzeitig galt die Magie ohnehin als eine Wissenschaft, sofern sie sich der theurgischen Naturerkenntnis, der Schau übergeordneter natürlicher und somit göttlicher Ideen im platonischen Sinne widmete und man statt der Dämonen die Engel beschwor, auch wenn ab und an deren Namen kurioserweise denen der Dämonen glichen beziehungsweise sich erst durch Zauberpraktiken offenbarten. Paracelsus berief sich dementsprechend als Mittel zum Zweck seiner weißen Magie allein auf den rechten Glauben des Magiers, indem er meinte: „Durch den Glauben vermag der Mensch in Verbindung mit der Imagination (in P.' Sinne das Substrat der natürlichen Magie) das Unglaubliche.

---

1 Inkubus = Der Teufel in Mannsgestalt hat Geschlechtsverkehr mit einer Hexe. Sukkubus = Der Teufel in Weibsgestalt hat Geschlechtsverkehr mit einem Hexer.

Durch ihn vermögen wir Verstorbene zu zitieren, uns Geister zu unterwerfen, ja die Kräfte oder Influenzen der Gestirne herabzuziehen und zu beherrschen..." (Horst III/26).

Fischen im gemeinsamen magischen Pool

Man muss also nichts über schwarze Magie wissen, um zu erkennen, wie sich die weiße Magie aus demselben Topf bedient wie diese. Ob schwarze oder weiße Magic, beider Ziel ist Schicksalsbeherrschung und Mächtigkeit über die schicksalsformenden Kräfte zum Zwecke der Selbsterhöhung. Sucht der weiße Magier diese Mächtigkeit in einem versöhnenden Ausgleich zwischen seiner Begrenztheit und dem erfassten Unbegrenzten, so versucht sie der schwarze Magier, indem er das Unbegrenzte ins Begrenzte zwingt, um dieses in sich selbst zu entgrenzen. Ebenso gleicht sich ihr Weg, indem sie die geistigen Mächte durch Attraktion, Sympathie und Antipathie, durch magische Bande, die die Sphären verbinden, in ihren Wirkungskreis zitieren. Dabei gehen beide davon aus, dass die geistigen Mächte verborgenen Gesetzen unterworfen sind. Wer aber diese Gesetze erkennt und durchschaut, ist imstande, die Mächte zu zwingen. Beide arbeiten folglich mit Mittlerwesen, die ihrerseits Aspekte der jeweils höchsten Sphären sind. Man ruft also nicht Gott oder den Teufel selbst, sondern beschwört ihre Monaden, die, je näher sie dem Menschen rücken, desto menschlichere Züge annehmen.

In dieser Weise wandeln sich die Mittlerwesen von Engeln zu Dämonen, die einzelne Temperamente wie Liebe oder Zorn verkörpern, und weiter von Dämonen zu Geistern, die bestimmte Eigenschaften wie die Kraft eines Baumes oder die Heilkraft eines Krautes besitzen oder bewahren oder als Hüter magischer Attribute, etwa als Schutzgeister von Amuletten oder Zauberkreisen, auftreten. Durch ihre Anrufung zwingt sie der Magier in seinen Bann und erlangt durch ihre Mittlerschaft ebenbürtige Mächtigkeit über die von ihnen beherrschten Temperamente und Eigenschaften.

⚛ DER ‚HEXENHAMMER‘ ⚛

Im zweiten Buch des „Hexenhammers", das sich unter anderem mit der Heilung von Behexung beschäftigt, wird von einem Bischof erzählt, der, während er in Rom weilte, von seiner Geliebten um seines Geldes wegen mit einer Krankheit behext wurde. Eine Vettel bot ihm darauf an, ihn von der Krankheit zu befreien und sie der Hexe aufzupacken. Der Bischof ersuchte darauf Papst Nikolaus V. (1447–1455) um Genehmigung für diesen Zauber. Mit der Aussicht, dass nicht nur der Bischof geheilt, sondern auch die Hexe mit der tödlichen Krankheit aus der Welt geschafft würde, gab der Papst seinen Segen. Wörtlich im „Hexenhammer": „Der Pontifex ... gab seine Zustimmung, dass unter zwei Übeln das kleinere zugelassen werde." Die Vettel beschwor darauf den Dämon, der Bischof gesundete und die Hexe starb unter wüsten Verwünschungen. Der Hexenhammer wurde von dem Dominikaner Heinrich Cramer 1486 veröffentlicht. Anlass war die von ihm 1484 initiierte Hexenbulle Papst Innozenz VIII. Cramer, ein psychotischer Frauenhasser, wurde hierdurch ermächtigt, inquisitorisch gegen das Hexenwesen vorzugehen. Der Hexenhammer barg seine Ansichten und war seine Anleitung für das Vorgehen gegen Zauberei und Magie.

Allerdings übersehen hierbei die Magier zur linken wie zur rechten Hand geflissentlich, dass diese Mittlerwesen sowohl Projektionen als auch Kreationen des menschlichen Geistes sind. Infolgedessen kommunizieren sie mit ihren selbst geschaffenen Bildern und werden sich somit selbst zum Gegenstand ihres magischen Forschens; das ist kein Manko, bedeutet doch solches Erkunden ebenso einen Weg der Selbsterkenntnis wie ein Erforschen der „energetischen Sphäre" (siehe Seite 32), in die diese Kreationen gebunden sind. Zugleich ist die Erkundung dieser energetischen Sphäre für sich ein durchaus ernsthaftes magisches Streben,

sofern man sie als das versteht, was sie möglicherweise ist, nämlich das morphogenetische Feld menschlicher Bewusstheit. Es ist
sowohl eine Rückwendung hin zu den Archetypen unserer Psyche und zu den Verdichtungen seelischer Geschichte als auch
zu den ungelösten Seelenaspekten menschlichen Wesens. Wollte man diese Sphäre sinnbildlich erfassen, könnte man an Bilder
wie Rubens' „Höllensturz der Verdammten" denken. Die Sphäre
könnte uns in ihrer Stimmung als Ganzes als ein amorphes und
erschreckendes Abbild psychischer Weltempfindung erscheinen,
gleichzeitig erlebten wir sie aufgespannt zwischen zwei Polen der
Transzendenz: oben die Andeutung des Himmelslichts, unten die
Düsternis höllischer Qual, im magischen Empfinden zurückdrän-
gend in irdische Dichte, den Raum ihrer Verwirklichung. Gutes
wie Böses wirkt hier gleich dem bipolaren magischen Raum ineinander und zueinander polarisierend, an sich zerrend und doch flie-
ßend im Übergang. Die Magie mit ihren bildhaften Strukturen,
ihrem grundlegenden semiotischen Verständnis[1], das sie bei der
Aufdeckung von Wahlverwandtschaften leitet, ist zur Ergründung
dieser Sphäre weit mehr geeignet als jede analytische Psychologie.
Schließlich deutet sie der Magier nicht, sondern lotet sie aus und
transmutiert ihre Aspekte in seine Wirklichkeit und macht sie sich
so erfahrbar. Es ist eine Erfahrung, in der innen und außen, oben
und unten miteinander changieren und sich die Vorstellung mit
der Darstellung vermischt, auf dass sich das eine wie das andere
im wechselseitigen Erkennen korrigiere.

Wagt der Magier den Rapport zur energetischen Sphäre durch
Beschwörung der Mittlerwesen oder das angeregte Pathos der Entsprechungen, verflüssigt sich diese in der Tat zu einer Sphäre des
Überganges, in die der Zauber hineinwirkt und auch wieder aus ihr
heraus. Denn diese Sphäre ist nicht isoliert, sondern durch Attraktion und Distraktion sowohl mit dem individuellen Bewusstsein
verbunden wie auch mit anderen morphogenetischen Metasphä

---

1 Zeichenbezogene und auf dem Symbolhaften beruhende Weltauffassung.

ren verknüpft. Ebenso wie der Mensch in seine Welt, sind auch die Metasphären in eine Metawelt gebunden. Hierdurch erklären sich so manche Zauberwirkungen über große Distanzen und magische Überschreitungen von Gattungsgrenzen, wie sie etwa von Schamanen in selbstverständlicher Weise vollzogen werden.

> *Das Bewusstsein der geistigen Hintergründe, das von einer positiv gerichteten, christlichen Magie, fehlt zumeist (der weißen Magie). Sie ist eine Magie wie die andere, nur eine ungefährlichere.*
>
> Peuckert, Handwörterbuch des deutschen Aberglaubens VIII/763

Die Macht der Mittlerwesen

Durch die Beschwörung eines Mittlerwesens kommt es in der energetischen Sphäre zu einem Widerhall. Es ist die oszillierende Kraft magischer Kommunikation, die zu Verdichtungen führt, indem sich mit dem Anruf gleichwertig temperierte Aspekte zusammenfinden und durch den Zauber gehalten und umschlossen werden. So verdichtet, formen sich die Temperamente zu Charakteren, die als entsprechend typische Phänomene dem Magier gegenübertreten. Sind sie anfänglich noch so flüchtig wie Traumgestalten, so widerfährt ihnen von Anruf zu Anruf mehr Festigkeit und das flüchtige Phänomen wandelt sich zu einer abrufbaren zaubermächtigen Gestalt. Wobei bereits die Traumgestalt durchaus merkliche Macht besitzt, wie wir aus eigenem Träumen wissen.

Dass solche Anrufungen kein billiges Spiel sind, offenbart sich dem, der sich darauf einlässt. Denn die einmal geformten Charaktere drängen mit Macht in die irdische Wirklichkeit, wollen sie doch ihr unbestimmtes Wesen aus ihrer Sphäre heraus in materieller Weise transzendieren und sich hierdurch dauerhaft verfestigen. Die meisten Besessenheitsphänome gründen auf solcher Wechselwirkung, weshalb die vorgesehenen Schutzrituale in der zeremoniellen Magie kein leerer Zauber, sondern notwendiger

Schutz der Psyche vor provozierten Imaginationen sind. Ablesbar wird dies zum Beispiel am Umgang und der Erzeugung von Feindbildern. Solange der Provokateur des Feindbildes die Macht über seine Imagination bewahrt, kann er es auch lenken, andernfalls gewönne es an Eigendynamik wie Festigkeit und wandelte sich zu einem sich selbst steuernden, seinen Schöpfer übermannenden Phänomen. Ähnlich magisch unterfütterte provozierte Manifestationen lassen sich in der Weitergabe der Imago ausmachen, der Übertragung und Einpflanzung der Elterngeister in die Psyche des Kindes. Hinter diesem Phänomen steht auf Seiten der Eltern ein gleich gelagertes Drängen der Charaktere nach fortwährender Festigkeit des eigenen Wesens, wie dies den energetischen Charakteren eigen ist.

Das Erstaunliche an der Erscheinung der Mittlergeister ist, dass sie die einmal herauskondensierten Charaktere offensichtlich beibehalten. So erscheinen die gerufenen Geister den Magiern hier wie dort und zu allen Zeiten mit unverändertem Temperament. Und dass auch die alten Siegel der Beschwörung heute noch wirkmächtig sind, kann feststellen, wer sich mit ihnen auseinander setzt. Hierzu muss er den Geist nicht erst beschwören, es genügt, wenn er seine Hand über ein solches Siegel hält, um die Temperamente der Anderswelt in sich gleichwertig zum Schwingen zu bringen. Im Wirken angerufener Heiliger erkennen wir übrigens eine vergleichbare Konstanz. Offenbar bewahren die Charaktere der Mittlerwesen ihre Geschichte unabhängig davon, ob sie angerufen werden oder nicht. Sie wirken gleich verborgenen Archetypen, die, einmal gesetzt, jederzeit ihre Gewalt entfalten können. Denken wir etwa nur an die Pestangst, die, wann immer irgendwo auf der Welt ein Seuchenfall auftritt, sich als ein böser Hauch der Gemüter bemächtigt.

Der Trickster und die Zaunreiter

Durch die beschwörende Fixierung auf ein Mittlerwesen kreiert es der Magus im morphogenetischen Bewusstseinsfeld beziehungsweise ruft, sofern es sich um einen tradierten Dämon handelt, seinen Charakter von dort ab. Da dieser Raum, wie festgestellt, als Ab- und Metabild der zeremoniellen Magie von gleichwertiger Polarität ist, tragen auch die aus ihm herbeizitierten Wesen diese Polung in sich. Das bedeutet, dass sich aus der energetischen Sphäre weder ein rein schwarzes noch rein weißes Mittlerwesen zu kondensieren vermag.

⋗ WICCAKULT ⋖

Der Wiccakult ist mit mehreren Millionen Mitgliedern die größte Gemeinschaft in der westlichen Welt, die sich zu einer praktizierten Magie bekennt. Der Wiccakult entstand Anfang der vierziger Jahre des letzten Jahrhunderts in Großbritannien. Er ist eine neuheidnische matriarchale Glaubensgemeinschaft, die ein animistisches Weltbild pflegt und eine dreifaltige Schöpfergöttin (Jungfrau, Mutter und Greisin) verehrt. Die Mitglieder des Kultes, die Hexen oder Hexer, organisieren sich in Konventen unter der Leitung von Hohepriesterinnen. Die praktizierte Magie gleicht vielfach einer schamanischen Naturmagie, bezieht sich aber auch auf die tradierte Magie der Renaissance und unterscheidet sich von Konvent zu Konvent. Ihr Leitspruch „Tue was du willst, und schade niemandem" verweist auf die magischen Zirkel zu Beginn des letzten Jahrhunderts. Gleichwohl ist die von Wiccas propagierte Magie exemplarisch für die Verwischung zwischen Magie zur linken und rechten Hand. Für sie ist die Magie im zunehmenden Mond weiß und im abnehmenden Mond schwarz. Ob eine Magie verwerflich ist, messen sie nicht am Ritual, sondern allein an der Intention der Hexe, da Magie für sich grundsätzlich neutral sei. Von dieser Gemeinschaft gehen zwar starke Impulse zur Belebung einer modernen Magie aus, sie nähren jedoch überwiegend die profane Magie.

Insofern ist ein ihnen allen gemeinsamer Charakterzug, dass sie Trickster, Halunken ohne wirkliche Moral sind. Wie anders soll man es sich erklären, dass ein an und für sich tiefböser Dämon jenen schützt und segnet, während er einen anderen verfolgt und in die Abgründe seiner Seele stürzt. Umgekehrt ist es nicht anders, da lassen sich die höchsten Engel beispielsweise dazu herab, unredlich erworbenes Gut zu beschützen, nur weil es zum Gut des Anrufenden geworden ist, und belegen jene, die Ansprüche darauf erheben, in diesem Sinne mit einem Bann. Von daher scheinen sie allesamt Abkömmlinge von Hermes und Loki zu sein, zwei zaubermächtige Götter von wechselhaftem Wesen, mal böse, mal gut und stets zu einem Schabernack gegen Menschen und Götter aufgelegt. Und so zeigen sie sich auch gerne als quengelnde Diven, lassen sich anhaltend locken, um am Ende doch nicht zu erscheinen, fordern närrische Opfergaben und wollen, einmal erschienen, sich gelegentlich nicht entfernen, sondern bleiben – mit koboldhaften Eskapaden – an einer Person haften, so dass ein hübscher Spuk entsteht; dies mag oft nur eine harmlose Beeinträchtigung sein, kann sich aber auch zu einer schlimmen Besessenheit auswachsen.

Warum aber die Beschwörer die Sphäre, aus der sie ihre Mittler rufen, nicht selbst erkunden, wo sie ihnen doch beinahe so nahe wie die eigene ist, mag dreierlei Gründe haben. Da ist zum einen ihre Ungeduld, weshalb sie, anstatt den Vorhang selbst zu lüften, sozusagen rufend vor ihm stehen bleiben. Zum anderen mag es ihr Unwille wie ihre Scheu sein, die Entsprechungen ihrer Imaginationen in sich und ihren Seelenschründen selbst zu suchen. Zum dritten aber mag es vornehmlich daran liegen, dass sie selber Trickster sind und im tiefsten Inneren um die Zwiespältigkeit ihresZaubers wissen. Und so bleiben sie auf dem Hag[1], reiten

---

1 Hag ist eine alte Bezeichnung für ein mit Hecken umfriedetes Areal; das Wort steht auch für den Zaun aus Hecken. Es ist zugleich eine Wurzel für das Wort Hexe, das bedeutet, die auf dem Zaun reitet; damit ist ein Wesen gemeint, dass sowohl im Diesseits wie im Jenseits wirkt.

weiter auf dem Zaun, um nicht in den Kreis zur Linken oder zur Rechten treten zu müssen.

3. Wie schwarz ist die schwarze Magie?

Das Motto „Tue was du willst", das sich unter anderem in eingeschränkter Form die Wiccas zu Eigen gemacht haben, galt bereits den Gnostikern im antiken Rom. Später hielt der Schriftsteller Francois Rabelais (1494–1553) den Spruch wieder hoch. In seinem absurden, humoristischen Roman von den beiden Riesen „Gargantua und Pantagruel" entwarf er die Utopie der Abtei Thelema, eines freizügigen Antiklosters mit Nonnen und Mönchen. Dieser Orden respektierte das antike Motto als einzige Regel (57. Kapitel). Aleister Crowley (1875–1947), der weithin als Inbegriff des modernen schwarzen Magiers gilt, erinnerte sich dieses Mottos als auch des utopischen Ordens Thelema[1] und schrieb in seinem kryptischen Zauberbuch „Liber Al vel Legis" (Das Buch Gottes oder des Gesetzes): „Tu was du willst, soll sein das Ganze des Gesetzes. Liebe ist das Gesetz, Liebe unter Willen." (Kap. I, Vers. 40 und 57, sowie Kap. III, Der Kommentar)

Dieser Kernsatz Crowleys wurde auf vielfältige Weise interpretiert. Je nach Standpunkt deutete man ihn entweder als Bekenntnis zu einem satanischen Nihilismus oder sah darin eine durch magische Selbsterkenntnis bedingte selbst beherrschte Mäßigung, was bedeutet, eben gerade nicht alles zu wollen, was gewollt werden könnte. Was wiederum Crowley von verschiedenen Satanisten als Inkonsequenz vorgeworfen wird. Dementsprechend gipfelt dieses Motiv auch gelegentlich in dem Satz: „Tue was du willst, das ist das Ganze des Gesetzes." Jedenfalls befruchtete Crowleys Wahlspruch die Fantasie der Schwarzmagier und Satanisten und wird in ihren Texten immer wieder als Kernsatz zitiert, der die Zielrichtung schwarzmagischer Rituale andeutet.

1 Thelema (griech.) = Wille, Verlangen. Crowley gründete 1920 in Cefalu (Sizilien) einen Orden Thelema. Er bestand dort bis 1923.

Bei der Betrachtung von Crowleys Leitspruch muss man erkennen, dass er sich weniger auf den praktischen als vielmehr auf den magischen Willen des Handelnden bezieht. Magie wird demgemäß als Herausforderung verstanden, Grenzen zu übertreten, um sich von dem Diktat konventioneller Moral und Ethik zu befreien und somit zu originären eigenen Erkenntnissen zu gelangen. Es ist ein zutiefst gnostisches Trachten im Stile pneumatischer Selbstgewissheit, ein deutlicher Gegenentwurf zum christlichen „Dein Wille geschehe" des Gekreuzigten. Nicht nur der Gott des Alten Testamentes, sondern auch der des Neuen wird zum Demiurgen, zum boshaften Schöpfer. Doch im Gegensatz zu den antiken Pneumatikern wird der Gott, der den Adepten auf seinem Weg der Selbstvergottung leitet, in der Finsternis und nicht im Licht gesucht. Schließlich waren es seit je die Lichtgötter, die den Menschen durch ihre Gebote zum Sünder machten und ihn solchermaßen beschränkten. Erst durch die Verbindung mit der Finsternis, dem absolut Bösen, wird das Sündhafte im Menschen durch die Negation von Gut und Böse gelöscht. Jetzt erst erreicht er seine

⇒ CROWLEYS INITIATION ⇐

1904 widerfuhr Crowley in Kairo bei der Betrachtung der Stele des Priesters Ankh-f-n-khonso aus der 25. Dynastie eine Initiation. Die Stele trug die Katalognummer 666, für Crowley das Zeichen des apokalyptischen Tieres, als dessen Aspekt er sich selbst empfand. Aus dieser Stele erschien und sprach Horus in Gestalt des Re Harachte (Gott der Morgensonne), dessen Kultus ihm durch die Stimme eines Geistes diktiert wurde. Einmal erblickte er ihn selbst als Set oder Shaitan (= Satan), den Bruder und Mörder Osiris' – er war sein Gott und zugleich er selbst. Aus dem Diktat entstand das Liber Al vel Legis. „Al" deutete Crowley als hebräischen Gottesnamen. (Quelle: Stefan Leber) wahre Gottesebenbildlichkeit. Dank der Macht des Tiefsten verbindet er die beiden Pole der universellen Gottheit in sich und erlangt gleich ihr universelle Macht. Ein Anspruch, der für den Schwarzmagier zum Fundament seiner Magie wird.

Ein vermessener Anspruch, den man, will man sich ihm hingeben, uneingeschränkt mit jeder Fiber seines Seins wollen muss, denn nur dann wird die Magie, wenn überhaupt, in jene Tiefe reichen, die man ausloten will. Doch wohin führt diese Magie, in der man, wie der Magier Eliphas Levi (1816–1877), für dessen Inkarnation sich Aleister Crowley hielt, meint, das große Geheimnis der schwarzen Magie enthüllt zu haben, das darin bestünde, den Satan zu erschaffen, um selbst Satan zu werden?

Folgt man diesem Anspruch, genügte es nämlich nicht, nur den Gegenpol göttlicher Herrlichkeit zu suchen. Man bliebe in solcher Tiefe immer noch ein erkennender Beobachter des Bipolaren, bliebe noch immer durch den Gegensatz gefesselt. Wer aber den Satan in sich kreieren will, müsste in krasser manichäischer Manier noch weit tiefer hinab als in jene energetische Sphäre sinken, in der das Böse nur dunkler Widerpart des Guten ist. Er müsste in eine absolute Finsternis sinken, in der es keinen Funken Licht mehr gäbe. Dies aber wäre der willentlich provozierte „GAU" jeglicher Magie. Die absolute Erkaltung. Es wäre, ziehen wir das Bild astronomischer schwarzer Löcher heran, die totale Selbstbezogenheit, ein wahnhafter autistischer Stillstand. Es wäre der Fall aus jeglicher Sphäre in eine Nicht-Sphäre. Ein solcher Sturz aber wäre ein wahrhafter Höllensturz, ein Fall aus der Welt.

Doch da auch der finsterste Magier nicht aus der Welt fallen kann, kann auch die schwarze Magie nicht so schwarz sein, wie sie zunächst gedacht ist. Sie bleibt, gleich einem schwarzen Loch, das vom eingefangenen Licht zehrt, in ihrem Nihilismus eine vom Guten zehrende Kraft. Mag sie auch noch so viel Licht ab- und einsaugen, sie würde es gleich einem schwarzen Loch am Ende doch, in ihrer eigenen Erstarrung berstend, in einem explosiven Schöpfungsakt ausspeien und sich hierdurch im Lichte verlieren. Und so impliziert ihr Trachten als unterschwelliges Ziel, auch wenn es um der eigenen Scheinexistenz willen negiert wird, die Rückkunft der gefallenen Engel ins Licht, den Aufstieg des Luzifers[1], um das Göttliche in ursprünglicher Weise zu heilen. Dementsprechend bleibt der Weg des schwarzen Magiers doch ein gnostisches Streben. Er steigt, dem Gekreuzigten bildhaft folgend, in das Totenreich hinab, um das Licht einzusammeln und zurück in seinen Anfang zu führen.

Schwarz und böse ist die Magie

Auch wenn sein verleugnetes Ziel durchaus heilsam ist, bleibt der schwarze Magier dem Bösen zwanghaft zugeneigt. Erst im Bekenntnis zum Schadenszauber verleiht er seinem Anspruch, tue was du willst, als Willensbeweis wirkenden Grund. Also gilt es, Feinde auszumachen, sie mit bösem Zauber zu verfolgen und sich hierdurch wiederum der eigenen Kraft zu versichern. Und wo der eigene Feind fehlt, bietet man sich an, ihn im Dienste anderer nachzustellen. Dass solches Wirken in letzter Konsequenz ebenso ins Leere, ja, in die Nichtigkeit greift, wird durch zwanghaftes Handeln verdeckt. Dennoch bleibt es eine tote Magie, schließlich lebt die Magie auch von der Kraft ihrer Wahlverwandtschaften, vom Pathos transzendenter Sphären.

Wo aber bleibt das Pathos des verfolgten Feindes? Wo ist die verbindende Resonanz, wenn man, wie es Szandor La Vey (1930–1997), der Begründer der Kirche Satans und Verfasser der satanischen Bibel, empfiehlt, seinen Feind per Fluch zwar nicht physisch, dafür aber psychisch vernichtet? Es bleibt ein Schwingen in sich selbst ohne höheren Widerhall. Folglich wird die Magie, spätestens, wenn der letzte Feind verzaubert wurde, an ihrer eigenen Resonanz zerbrechen. Die Hexen des Wiccakultes haben dies erkannt, indem

---

1 Luzifer, der Lichtbringer, kommt in der Bibel nicht vor. Die Stelle, auf die man sich häufig bezieht (Jesaja 14,12), meint den König von Babel: „Ach wie bist du vom Himmel gefallen, funkelnder Morgenstern, zu Boden geschmettert, Eroberer der Welt!"

sie das bekannte Motto um den Satz erweiterten: „Alles, was von dir ausgeht, fällt dreifach auf dich zurück."

Freilich wäre kein schwarzer Magier, wer sich hiervon schrecken ließe. Vielmehr wird ihm solche Aussicht gar ein weiterer Grund für seine Magie. Er ist dem Leben feind, Zerstörung um der Zerstörung willen ist seine Passion. Und so opfert er dem Dämon Leben, nicht um wie einst den Gott mit dem höchsten Gut zu versöhnen oder zu bestechen, sondern um in seiner erhofften Gottesebenbildlichkeit selbst die Kraft des Lebens in sich aufzusaugen. Das Tier wird geschlachtet, damit mit dem Stich in dieses oder jenes Organ in entsprechender Weise die Lebenskraft auf den Magier übergeht, um die Selbstzentrierung zu verstärken und im Streit mit zehrenden lichten Kräften zu bestehen. Sticht der Magier beispielsweise in die Leber, soll dies seinen Zorn nähren und gleichzeitig reinigende und visionäre Kraft auf ihn übergehen. Der Schritt zum Menschenopfer als höchstem Tabubruch und zugleich höchster Willensbekundung wie Energiezufluss ist dementsprechend mitbedacht. Es kursieren hierüber alle möglichen Gerüchte, weit mehr, als tatsächliche Fälle den Kriminalisten und Gerichten bekannt werden. Womöglich liegt dies auch daran, dass solcherlei rituelle Menschenschlachtungen so unglaublich sind, dass man ihnen schlicht nicht glauben mag. Ein entsprechend „unglaubliches" Zeugnis hielt die Bremer Filmemacherin Liz Wieskerstrauch in ihrem Film „Höllenqualen" (ARD 2001) fest[1]. In ihm erzählt eine von Satanisten gequälte und zerstörte Frau, wie sie von ihren Peinigern geschändet und später gezwungen wurde, das so gezeugte Kind bezeichnenderweise im ehemaligen Kultsaal der SS auf der

---

1 Letztlich erwies sich das Filmdokument in der Tat als unglaublich. Die eingeleiteten Ermittlungen der Staatsanwaltschaft ergaben, dass das berichtende Opfer von seinem Stiefvater missbraucht wurde, der dafür bereits verurteilt worden war. Kriminalisten erklären zudem, dass es bislang keinen einzigen verifizierten Fall eines satanistischen Ritualmordes gab. Es gab und gibt hingegen Morde aus wahnhaft sadistischen Motiven heraus, die vor einem pseudosatanistischen Hintergrund begangen worden sind. (vgl. Nordhausen, Frank; Berliner Zeitung 25. 2. 2003)

Wewelsburg[1], dem einst von Heinrich Himmler geplanten spirituellen Zentrum der SS, zu schlachten.

Und wo keine Menschen geschlachtet werden, da werden für Satan Seelen gesammelt. Im Internet werden immer wieder Möglichkeiten geboten, Satan seine Seele zu verkaufen. Schlägt man diese Seiten auf, sieht man die traurige und schreckliche Kehrseite der schwarzmagischen Medaille, eine Versammlung von an sich und an ihrer Welt leidenden, verzweifelten Menschen. So schrieb beispielsweise an einem ersten Weihnachtstag Kirstin: „Ich will, dass meine Seele Satan gehört. Und ich will sie loswerden, damit ich nicht länger leiden muss." Und über sich meint sie lapidar: „Ich bin ein ruhiges, aber auch böses kleines Mädchen."

Schwarz und vermessen ist die Magie

Verschreibt der Schwarzmagier in einem Teufelspakt seine eigene Seele der Finsternis, so ist dies ein schlüssiger erster Schritt auf dem Weg seiner Magie, begibt er sich doch in eine Gegenwelt, in der ihm seine gottgegebene Seele nur Ballast wäre. Dieses Ritual ist zum einen eine erste Initiation, zum anderen ein magischer Akt der erstrebten Willensfreiheit – und darüber hinaus eine Geworfenheit auf die kalte Rationalität schwarzmagischer Paradoxie. Der nunmehr willentlich Entseelte schafft sich in fortwährenden Ritualen eine neue satanische Seele, indem er sein Ego in magischer Zwiesprache mit der Finsternis beseelt. Es ist, da das Ego in der irdischen Welt verhaftet ist, eine materielle Beseelung, eine Erhöhung des Ichs, indem das Ich sich eine eigene Transzendenz verschafft. Diese Form der Selbstbeseelung findet ihre Festigkeit und ihren Gipfel in der Erweckung der schwarzen Kundalini.

---

1 Die Wewelsburg liegt bei der Stadt Büren. In ihrer heutigen Anlage entstand sie am Beginn des 17. Jahrhunderts. Himmler wollte sie als Ordensburg der SS ausbauen. Für den Ausbau ließ er nahe der Burg das KZ Niederhagen errichten, in dem mehr als 1000 Häftlinge umkamen. Heute ist in der Burganlage eine Jugendherberge. Für Satanisten war und ist die Burg bedeutungslos.

Kundalini ist ein körperlich-geistiges Phänomen, das zum einen mit Erleuchtungsempfindungen verknüpft ist und zum anderen dem Adepten besondere magische respektive paranormale Kräfte verleiht. Wahrsagekraft und Visualisation übersinnlicher Erscheinungen, sprich Dämonen- und Geistersicht zählen expli-

⊰ MENSCHENOPFER ⊱

Entgegen den meisten Satanisten, die ein Menschenopfer nur als symbolisches Opfer an den Dämon fordern, schreibt Meister Crowley in seinem Werk „Magick" darüber: „Für die höchste spirituelle Arbeit muss man dementsprechend das Opfer wählen, das die größte und reinste Kraft in sich birgt. Ein männliches Kind von vollkommener Unschuld und hoher Intelligenz ist das befriedigendste und geeignetste Opfer." Und im Liber Al (3. Buch Vers 23-26) beschreibt er einen Feindeszauber: „Als Duftstoff mische Mehl und Honig und dickflüssigen Bodensatz roten Weins: dann das Öl des Abramelin[1] und Olivenöl, hernach mach es weich und glätte es mit vollem frischen Blut". (23) „Das beste Blut ist das des Mondes, monatlich: dann das frische Blut eines Kindes, oder Tropfen vom Messopfer des Himmels; dann das von Feinden; dann das des Priesters oder der Anbeter; schließlich das irgendeines Tieres, gleich von welchem." (24) „Dies erhitze: daraus mache Kuchen und iss sie für mich. Dies hat noch einen anderen Nutzen; es soll vor mich hingelegt und durch die Düfte eures Gebetes gestärkt aufbewahrt werden: es soll gleichsam voller Käfer werden und kriechenden Dingen, mir heilig." (25) „Diese töte, dabei deine Feinde nennend; und sie werden vor dir fallen." (26)

1 Abramelinöl ist ein von Crowley kreiertes Salböl. Vermutlich besteht ein ideeller Bezug zu den Schriften von Abraham von Worms, einem unbekannten Verfasser, mehrerer Zauberbücher, die auch Abramelin genannt werden.

zit dazu. Das Phänomen der schwarzen Kundalini ist nur wenig bekannt und wird vor allem bei außergewöhnlich bösen und grausamen Persönlichkeiten vermutet. So wird etwa verschiedentlich von Magiern Hitler die Eigenschaft schwarzer Kundalinikraft zugesprochen.

Schwarze Kundalini soll provoziert werden, indem der Magier die okkulten Chakren, die unterhalb des Wurzelchakras liegen, anspricht und ihre Kraft als Impuls verwendet, die aufsteigende Kundalini zu wecken. Dies geht meist mit einer ungewöhnlichen sexualmagischen Initiation einher. Der Adept wird hierzu über Tage bei Schlafentzug sexuell manipuliert, bis er gänzlich entkräftet ist. Solchermaßen beinahe „erotokomatös", bereitet er sich auf den magischen Akt mit einer Yoni, einer Weisheitsjungfer, vor, indem er sich mit ihr vereinigt und Karezza übt, das bedeutet, den Akt ohne Klimax vollführt, dafür aber den Sexualreiz durch Atemtechnik in den Körper lenkt. Nach mehreren Stunden schließlich, wenn sein Geist völlig entleert ist und er durch Stimulation und Schlafentzug den Nahtod apperzipiert – das heißt das reale Empfinden hat, jetzt sterben zu müssen – führt er den Höhepunkt herbei. Hierbei imaginiert er das Bild seiner Selbstschöpfung, das sich durch die im Orgasmus aufsteigende Kundalini manifestiert.

Solchermaßen zum Schöpfer seiner selbst geworden, ist er nun befähigt, selbst zum Schöpfer neuer Seelen zu werden. Hierfür wiederholt er den durchlaufenen Prozess zum Zwecke der Zeugung. Mit dem Höhepunkt des Aktes aber imaginiert und visualisiert er diesmal den Charakter des zu zeugenden Kindes.

Diese Form der Sexualmagie mag zwar purer Größenwahn sein, doch macht sie zumindest aus dem Blickwinkel satanischer Weltsicht Sinn. Sie unterscheidet sich von sexualmagischen Praktiken, die in allerlei schwarzmagischen Fibeln propagiert werden und im Prinzip nur auf das eine hinauslaufen: Treib es, mit wem und wie du willst, treib es bunt und lasse keine sexuelle Variante aus; Nur dann bist du frei von der kirchlich diktierten gesellschaftlichen Zwangsmoral.

In der Verkündigung solch lieblosen Treibens aber offenbart sich ein Hauptmerkmal der schwarzen Magie, nämlich ihre zwanghafte Gegnerschaft zur Kirche, vor allem zur katholischen Kirche. Dabei erweist sie sich in ihrer Fixierung auf anormale Sexualpraktiken, wenn auch im Negativen, als gleichermaßen sexualfeindlich wie die Kirche. Und so muten den Beobachter die meisten satanischen Zirkel eher als „Afterreligionen" an, in denen die Masturbation auf Hostien und Kreuze, Vergewaltigung und sadomasochistische wie sodomitische Spiele bedeutender sind als der Versuch, seinen Willen zu befreien und in eine magische Dimension zu heben.

4. Wie weiß kann weiße Magie sein?

Wo aber steht der weiße Magus im Gegensatz zum schwarzen, der, wenn er seine Kunst beherrscht, sich seine Seele selbst kreiert? Übt er sich in Heil-, Schutz- und Abwehrzauber, wie es sich viele aufs Panier geschrieben haben, wird er den dunklen Gewalten nicht das Wasser reichen. Hat die schwarze Magie wenigstens eine wenn auch abstrakte, weil unmögliche Transzendenz, erscheint auf den ersten Blick eine solch positive Jenseitigkeit der weißen Magie sehr fern. Wäre es so, bliebe sie in der Tat nur der gute, ja harmlose Gegensatz zum Bösen.

Indes weiß, wie schon mehrmals angedeutet, auch die weiße Magie um Transzendenz und den Sprung in diesen Metaraum machtvollen weißmagischen Wirkens. Der beherzte Satz über die energetische Sphäre hinaus ist ein nicht minder mutiges Unterfangen als der satanistische Höllensturz. Es ist der Weg der lauteren Magie, will man ihm einen Namen geben, um ihn von der trivialen weißen Magie zu unterscheiden. Wer sich auf diesen Weg macht, wandelt jedoch weite Strecken für sich allein, denn anders als bei den Adepten der Finsternis, die sich rasch zu Gruppen finden, sieht sich der Jünger des weißen Pfades meist auf sich selbst gestellt. Doch hat er die Sphären durchschritten und den Raum der lauteren Magie erreicht, ist ihm der weiße Zauber ein Zauber von leichter Hand. Er fließt fortan aus ihm – durch Einsicht. Sehen und magisches Wirken werden ihm eins. Ein Wimpernschlag genügt und der nötige Bann ist hergestellt und die Heilung setzt ein. Es ist das Bild des einsamen weißen Ritters, das uns hier begegnet. Ein uraltes mystisches Bild, das in vielen Sagen rund um den Globus bewahrt wird und demnach als Archetyp auf einen wahres seelisches Verlangen verweist. Als Mythos birgt es in sich bereits ausreichend Magie, um die Adepten durch alle Zeiten hindurch zu locken und zu fordern. Sein Ziel ist der heilige Gral und die Begegnung mit den weisen Lenkern der Welt. Mag es anfänglich noch ein visionäres Ziel sein, wandelt es sich im Streben danach zu einer erfahrbaren Wirklichkeit. Das Metaphysische wird zur Realität. Diese wahrhaft magische Erfahrung wirft den Suchenden auf sich und zwingt ihn von selbst in die Einsamkeit.

Die Einsamkeit auf seinem Weg dorthin ist der Tribut des Adepten an das All-Eine, in dem er den Grund seiner Magie auslotet. Es ist der Raum jenseits der energetischen Sphäre. Es ist ein Raum und keine Sphäre, keine Ebene von vielen. Ein Raum, der in sich ruht, der sich selbst Pol und ohne Gegensatz ist. Ein Raum, der die bipola- re energetische Sphäre umfasst, ohne ihr wie der sie umschließende chaosmagische Ouroboros zum Widerpart zu werden. Stattdessen bleibt sie in ihm und dort in sich und in ihrer Wirklichkeit gekapselt. Mag sie auch von diesem umfassenden Raum getragen werden, so wird sie von ihm nicht berührt. Von diesem Raum aus betrachtet, mutet sie nur als unwirklicher Schein an. Eine Wahrnehmung, die im übrigen den meisten Menschen ein häufig wiederkehrendes Déjà-vu ist. Deshalb sind Mittlerwesen für den lauteren Magier kein Thema. Sie können ihm keine Hilfe sein, sie würden seine Magie in die Niederungen psychischer Scheinwelten beziehungsweise Erfahrungs- und Vorstellungswelten ziehen und sie somit entkräften. Mittlerwesen sind aus seiner Sicht nur leere, aus der Tiefe kreierte Schatten, die ihr gekapseltes Reich nicht überwinden. Dagegen berührt der lautere Magus mit seinem Geist, der im umfassenden Raum ruht, die Bande der

Entsprechungen und bewirkt aus dem Höheren heraus heilsames Pathos. Es ist eine mystische, spirituelle Magie, die er pflegt und die, würden wir uns ihr nähern, uns so manche verbürgte Wunder der Heiligen erklären könnte.

Das Motiv des Adepten, sich in diesen umfassenden Raum zu begeben, mag anfänglich dem des schwarzen Magiers gleichen: nämlich der Wahn von universeller Macht, die ihm die Vorstellung des Allumfassenden verspricht. Anders als sein Widerpart sucht er die Macht jedoch nicht im Nichts, sondern im ursprünglichen Sein. Er ist ein Theurg, ein Gottessucher. Doch erst wenn er in den Zeichen der sichtbaren Welt die Bande zu einer höheren Welt erkennt und nicht umgekehrt, vermag er sich ihrem Geheimnis zu nähern. Dafür aber muss er sein eitles Streben nach Machtfülle verwerfen und seinen Blick auf das richten, was ist, und das Schielen auf das, was sein sollte, lassen. So pflegt auch er eine rationale Paradoxie der Magie, allerdings mit warmem statt mit kaltem Herzen. Er erforscht und enthüllt die Sympathien, weil er, wenn auch kein Leidender an der Welt, so doch ein mit den an ihr Leidenden Mitleidender ist. So erkennt er, wo Bande bestehen und wo das Leiden ohne Grund ist. Dementsprechend sieht er, wo seine Magie aus dem Umfassenden heraus wirken kann, wo sie auf Widerhall trifft und wo sie ohne Echo ins Grundlose hallt. Hier hebt sich das finale Streben auf, der Magier tritt zurück, indem er zum Medium des Raumes wird. Seine Einsamkeit wandelt sich zur Allverbundenheit.

Die Alchemisten versuchten diese Verbindung durch ihr laborieren anzuregen, indem sie nach gnostischen Vorbildern in einer chymischen Hochzeit Quecksilber und Schwefel, die Symbole für Blut und Samen, stellvertretend für weibliche und männliche Kraft, miteinander vermengten und daraus ein Substrat herstellten. Doch wollten sie keinen Homunkulus erschaffen, sondern in sympathetischer Weise die polaren Gegensätze miteinander verbinden, auf dass sie sich im kreierten Androgynen aufheben würden. Sonne und Mond sollten hierdurch ein Scheinen werden und sich die Welt zum Guten hin neu schöpfen. Ein Bemühen, das im asiatischen Tantra[1] bis heute verfolgt wird und das wiederum als eine magische Disziplin in unterschiedlichen Ausrichtungen seit mehr als einem Jahrhundert die westlichen Esoteriker anregt.

Ergründen wir dieses Bemühen, erkennen wir auch in der gewollten Verbindung von Sonne und Mond eine Wahlverwandtschaft zur aufsteigenden Kundalini. Denn die beiden großen Himmelslichter umspielen sich in entsprechender Weise. So schlängelt sich der Mond, die weibliche Kraft, auf- und absteigend um den Sonnenpfad und markiert in den Drachenknoten die himmlischen Chakren. Und in den Mond- und Sonnenfinsternissen erkennen wir die wahlverwandten Bilder der schwarzen und der weiße Kundalini. Liegt die Mondfinsternis im Schatten irdischer Nacht und weist somit auf die okkulte dunkle Macht der schwarzen Kundalini, vollzieht sich die Sonnenfinsternis am helllichten Tag als wirkliche Vermählung der weiblichen und männlichen Urkräfte. Hier fließt die weiße Kundalini als himmlisches Feuer. Eine solche Vermählung ist es, der auch der weiße Magier entgegenstrebt, auch er will seine Seele dem himmlischen Bräutigam hingeben, jedoch nicht, um sie an ihn zu verlieren, sondern um sich, in ihm einend, zu einem höheren Sein zu lösen. Also ist es auch sein Trachten, die Schlangenkraft in sich zu wecken. Allerdings verriegelt er hierbei die okkulten Chakren, sind sie doch im Wurzelchakra sublimiert, indem er versucht, die Energie ausschließlich aus dem Wurzelchakra nach oben in das Scheitelchakra zu lenken. Zudem ist er in seiner Aktivität freier, die Kundalini anzuregen. Hier ähnelt er dem Chaosmagier, der sich seine Rituale nach Bedarf erfindet. Er lässt den Prozess zu, der umso intensiver werden wird, umso näher er dem erahnten umfassenden Raum rückt. Und stößt er schließlich die Tür auf, die er nicht mehr sucht, wird er sich wandeln.

---

1 Tantra ist ein Weg körperlicher Übungen und Rituale, um Erleuchtungskraft zu gewinnen. Er versteht sich als magisch, aber nicht weißmagisch im erwähnten Sinne, sondern eher theurgisch, Gott beschwörend.

Dann aber wird seine Reise vorbei sein und er als ein Gewandelter zurückkehren und als solcher von Fall zu Fall erkannt werden; denn nun wirkt durch ihn jene lautere und drängende Kraft der weißen Magie, die das Verschattete und Dunkle entmachtet, indem es ihm einen lichten und unantastbaren Raum entgegensetzt.

Von außen betrachtet mag einem die Beschreibung dieser Art lauterer Magie vage anmuten, enthebt sie sich doch einerseits selbst der zeremoniellen und rituellen Merkmale, so wie sie sich andererseits in einem Raum ortet, der sich offensichtlich jedem bewussten wie auch bildhaften Zugang verschließt. Insofern scheint diese Form der Magie eher eine visionäre als eine konkrete Magie zu sein. Als solche aber bliebe sie eine Marginalie, hätte sie nicht doch einen erfahrbaren Grund, der sich dem ihn sich nähernden Magus mitteilte. Ebenso würde sich niemand auf den Weg begeben, würde er nicht in den Umschreibungen der alten Magier wie Plotin oder Agrippa diesen Grund erkennen. So vermittelt etwa die gnostische Vorstellung einer uranfänglichen Syzygie oder der neuplatonische Gedanke vom bewegungslosen Beweger als Urgrund allen Seins eine Ahnung von der ihnen zugrundeliegenden Erfahrungen eines womöglich lauteren magischen Raumes. So beschreibt etwa Gopi Krishna (1903–1984) seine fortgesetzte Kundalinierfahrung gleichermaßen räumlich: „Ich wurde des unsichtbaren Mediums durch innere Bedingung gewahr, als würde mein eigenes begrenztes Bewusstsein seine Grenzen überschreiten und auf allen Seiten in unmittelbare Berührung mit seiner eigenen Substanz kommen, so wie ein empfindlicher Tautropfen, der unberührt im Meer des reinen Seins versinkt, ohne sich mit der umgebenden Wassermenge zu vermengen." (Krishna S. 166)

Freilich ist der lautere Magier, der sich diesen Raum erschließt, kein Mystiker, der es bei der Schau des Unaussprechlichen belässt. Vielmehr bleibt er ein Handelnder respektive ein bewusstes Medium, dass die Kräfte dieses Raumes in die Welt der Erscheinung zu lenken weiß. Allein diese Transformation ist seine Magie. Und wenn er sich dabei eines Rituals oder Zeremoniells bedient, so entspricht dies nur einer Akkumulation, um die Kraft seiner Sphäre anzupassen, keinesfalls sind sie der eigentliche Akt magischer Handlung. Folglich bleibt seine Magie eine unmittelbare und heilsame Begegnung von Transzendenz und erfahrbarer Wirklichkeit.

Nur eine solche Magie aber wird Zukunft haben, denn nur sie kann eine sich immer wieder erneuernde Magie sein, die eine reifere Weltsicht erlaubt und sich selbst gegenüber dementsprechend weise Skepsis erweist. 1932 schrieb der luxemburgische Pfarrer Dr. A. Jacoby im Handwörterbuch des deutschen Aberglaubens (Bd. V/829):

Die wirklichen Probleme der Magie sind heute vor allem psychologischer Natur, daran ändert auch das erneute Aufflackern der alten mystisch-magischen Ideen so wenig wie die Massenproduktion magischer Schriften und Traktate oder die Neuauflage der Geheimbücher der Vergangenheit. Schlug das weltanschauliche Pendel in der noch nicht ganz überwundenen letzten Epoche wieder zu kräftig nach der Seite der Ratio aus, so weicht es gegenwärtig übereifrig und allzu vertrauensselig in den weiten Kreisen, die heute von der Magie und ihren Künsten das Heil erwarten, nach der Richtung des Irrationalen ab. Als Mahnung an eine einseitig mechanisch und rational orientierte Welt ist in der Geschichte auch der Magie ihre Rolle zugewiesen, die keineswegs ausgespielt ist. Darin liegt Sinn und Bedeutung ihres Studiums für den, der ihrer Dogmatik nicht folgen und noch weniger ihre Praxis sich zueigen machen kann.

Nachgedanken zum mystischen Aspekt der Magie

Ihr blauen haare – zelt von ausgespannten schatten
Ihr malt den azur-himmel rund und schrankenleer.
Auf der gewundnen strähnen daunenweichen matten
Berausch ich mich an wolgerüchen die sich gatten:
Am öl des kokosbaums am bisam und am teer.

Mein finger perle sän rubin und grünen stein
Dass nie mein wunsch vergeblich nach dir hasche!
Bist du nicht die oase wo ich träume und die flasche
Aus der ich gierig schlürfe der erinnrung wein?

Um den von mir gemeinten anarchischen Aspekt der Magie zu verstehen, darf man sich durchaus mit der Philosophie des politischen Anarchismus befassen. Schließlich basiert er sowohl auf einem strikten Individualismus als auch auf einem weit gespannten Gemeinsinn. Wobei die Freiheit des einzelnen in einer Gemeinschaft von gleichermaßen Freien die Grundlage der Verständigung ist. Dazu sollen die Freiheit des einzelnen und das Gemeinwohl ohne institutionelle Macht bei bestmöglichem Konsens vereinbart werden. Dementsprechend müssen klassische Herrschaftsinstrumente abgebaut und durch kollektive Institutionen ersetzt werden. Damit sollen zwar einerseits beschlossene Vereinbarungen durchgesetzt, andererseits aber eine sich verselbstständigende Macht unterbunden werden. Es wird quasi ein System gewünscht, das sich beständig selbst abschafft, um sich zu erhalten. Somit liegt mit diesem Paradoxon ebenfalls ein „magischer Kern" im Anarchismus. Wahrscheinlich funktioniert er deswegen auch so selten. Jedenfalls gab und gibt es bislang nur sehr wenige und wenn dann nur kleinere, überschaubare gesellschaftliche Modelle, die durch ihre Existenz die Mär vom Anarchismus als praxisuntaugliche soziale Utopie widerlegen. Ein weithin bekanntes Beispiel praktizierten Anarchismus sind die Kibbuzim in Palästina während der britischen Mandatszeit und zu Beginn des Staates Israel.

Die beständige Erneuerung beziehungsweise permanente Revolution war ein zentraler Gedanke des Anarchisten Michail Bakunin (1814–1876). Er proklamierte dahingehend, dass die Lust der Zerstörung zugleich ein schaffender Drang sei![1] Dieser Satz wird heute häufig als ein Grundgedanke des Terrorismus zitiert, wobei Bakunins Vorgedanke zu diesem Satz verschwiegen wird – abgesehen davon, dass ein derart behauptetes infantiles Destruktionsverlangen dem Phänomen des Terrorismus nicht gerecht würde. Denn Bakunin meinte ebenso, dass nach einer Revolution kein Stein des alten Hauses für die Errichtung des neuen verwendet werden dürfe, da sich sonst das verdorbene System nur in gewandelter Form fortsetzen würde. Dieser gesellschaftliche Ansatz ist gleichzeitig eine Forderung an den einzelnen, sich ebenfalls durch beständige Wandlung geistig zu regenerieren.

---

1 „Lasst uns also dem ewigen Geiste vertrauen, der nur deshalb zerstört und vernichtet, weil er der unergründliche und ewig schaffende Quell alles Lebens ist. – Die Lust der Zerstörung ist zugleich eine schaffende Lust!" (Michail Bakunin: Die Reaktion in Deutschland, 1842)

Was aber hat dieser Anspruch mit Magie und Mystik[1] gemein? Ich meine einerseits sehr viel, andererseits aber auch wenig. Wenig solange, es sich bei der praktizierten Magie um eine rituell strukturierte, weil systematische Magie handelt. Eine solche Magie wird von den Praktizierenden kaum in Frage gestellt werden und sich somit auch nicht erneuern. Schließlich ist es der systematischen Magie eigen, dass sie sich an den Kanon ihrer Regeln und ihrer Weltsicht hält, da formale wie geistige Kontinuität ihr Sinn und Zweck ist. Sie ist im Grunde eine dogmatische Magie und von anderen religiösen Systemen nicht verschieden. Von daher bleibt sie auch spirituell begrenzt respektive überschaubar, weshalb eine derartige Magie auch keine andere spirituelle Erfahrung bietet als die in ihr angelegte und vorbedachte. Eine derartige Magie bleibt deshalb ohne Mystik. Hier wird das Haus, selbst wenn es gründlich zerstört wurde, stets mit den alten Ziegeln wieder errichtet.

Erst wenn wir das Anarchische als Zugang respektive Voraussetzung zur Mystik verstehen, entwickelt sich eine Magie, die nicht fortführt wo sie gestern stand, sondern sich jeden Tag neu finden muss. Folgerichtig wird sie vom anarchischen Anspruch entsprechend mehr bewegt. Sie zeigt sich daraufhin als eine Magie ohne feste Strukturen, ohne starre Rituale und vor allem ohne einenengendes ideologisches Konzept. Es ist eine quicklebendige Magie; ob sie allerdings eine mystische ist, bleibt zu untersuchen.

Jedenfalls ist der erwähnte anarchische Anspruch nicht nur ein politischer, sondern er begegnet uns auch – zwar in anderer Diktion, jedoch ebenso unvermeidbar – als grundlegende spirituel-

---

1 Mystik (von griech. *myein* = [Augen od. Lippen] schließen). Als Erfahrung die innerliche einende Begegnung eines Menschen mit der ihn und alles Seiende begründenden göttlichen Unendlichkeit respektive dem persönlichen Gott.
Mystische Phänomene sind durch Zeugnisse in allen höheren Religionen erwiesen. Die mystische Schau als Versenkung der Seele in ihren Grund ist stets Akt der Einzelperson, nicht der Kultgemeinde. Während die Magie sich die Begegnung mit der göttlichen Mächtigkeit durch besondere Mittel verfügbar machen will, wird die mystische Schau stets als Geschenk erfahren.

le Forderung; das erst macht ihn für die Magie bedeutsam. Wer wirklich das Unermessliche, das Jenseitige in sein Leben einlassen will, darf ihm nicht mit ideologischem Ballast begegnen. Nur wenn wir uns ohne Vorstellung, ohne Meinung und ohne Erwartung dem Jenseitigen zuwenden, vermag es sich uns gegenüber zu offenbaren. Dies setzt zweierlei voraus, nämlich Zerstörungslust und Schaffenslust, diesmal allerdings nur noch in ferner Anlehnung an Bakunin; denn diesmal ist das Gelüst statt von politischer von spiritueller Natur. In diesem Sinne ist Zerstörungslust die Verneinung religiöser Dogmen und Spekulationen, die uns das jenseitige Himmlische erklären und die wir als Glauben angenommen und damit Wirklichkeit werden ließen. – Was im übrigen ein grundsolider magischer Prozess ist, denn, in die Wirklichkeit zu wirken, ist der gewichtigste magische Aspekt, den man sich von einem Magier erwartet. – Schaffenslust hingegen ist jenes Geschehen, das Raum greift, wenn die Verneinung so gründlich war, dass in der Tat etwas in den entleerten Raum fließen kann, das mit dem Verneinten in keinerlei Verbindung steht, dafür aber zur unvorstellbaren Antwort auf unser Forschen wird. Dies ist ein vollkommen spiritueller Prozess, weil er nicht mehr von unserem Denken gelenkt wird, sondern das Ergebnis unserer Schau ist; was sowohl purer Mystik als auch einer spirituellen Revolution entspricht.

Jiddu Krishnamurti (1895–1986), ein Weisheitslehrer, sah dies auf seinem Gebiet ebenso konsequent wie Bakunin auf dem seinem. Beide waren Revolutionäre in eigener Sache. Und so forderte Krishnamurti von seinen Zuhörern immer wieder eine innere Revolution ein. Nicht die allmähliche Wandlung des Geistes, sondern der radikale psychische Umbruch war sein Kredo. So meinte er:

> *... der Geist, der ansammelt, verfällt und stirbt. Ein Geist jedoch, der nicht anhäuft, nicht sammelt, der jeden Tag, in jeder Minute stirbt – für einen solchen Geist gibt es keinen Tod. Er ist unbegrenzter Raum.*

Krishnamurti S. 134

" Ist es nun möglich, die Autorität zu verneinen? Ich meine nicht die Autorität der Polizei, der Landesgesetze und so weiter, das wäre dumm, unreif und würde uns ins Gefängnis bringen. Ich meine, das Zurückweisen der Autorität, die der Psyche und dem Bewusstsein tief im Innern durch die Gesellschaft aufgebürdet wurde, das Verneinen der Autorität jeglicher Erfahrung und jeglichen Wissens, sodass sich der Geist in einem Zustand befindet, nicht zu wissen was sein wird, sondern lediglich zu wissen, was nicht wahr ist …

Und so beginnen wir zu entdecken, dass es nach dem Auslöschen jeglicher Autorität, die der Mensch in seinem Verlangen nach innerer Sicherheit hervorgebracht hat, Schöpfung gibt. Auslöschen ist Schöpfung. "

Krishnamurti, Rede in Saanen 13. August 1961

Was aber hat dieser spirituelle Anspruch, der praktisch ein Auslöschen der Ich-Bewusstheit verlangt, mit Magie zu tun? Gäbe es einen anderen als den aktuell konnotierten allgemeinen Magiebegriff, erübrigte sich diese Frage. Wir erleben heute in der esoterischen Szene einen unglaublichen Synkretismus und eine einfältige Beliebigkeit, die mit einer zunehmenden Verflachung spiritueller Ansprüche einhergeht. Wobei diese Feststellung freilich genauso vor 100 Jahren getroffen hätte werden können, so wie sie wahrscheinlich auch noch in 100 Jahren Gültigkeit besitzen wird. Folgerichtig beinhaltet der gängige Magiebegriff die Vorstellung von einer Wellness-Magie, bei der man Wohlfühlzauber für die Gerechten und Flüche für die Widersacher gleichermaßen bestellen beziehungsweise aus jedem x-beliebigen Ratgeber Magie ablesen kann. Das aber hat im Grunde mit Magie soviel zu tun wie das Adventsingen in den Kirchen mit Theologie. Ja, noch weniger, denn öffnet das Adventsingen dem Gläubigen zumindest das Herz für die frohe Botschaft, so öffnet ein windiger Hokuspokus nichts, vielmehr stumpft er die Spiritualität nur ab.

Hingegen verstehe ich wahre Magie als lautere, weiße Magie oder Theurgie, sprich Gottesnäherung durch Kontemplation. Dies ist ein von Anfang an mystisches Geschehen. Magie in diesem Sinne ist Verzauberung, Verzauberung des Wesens durch Berührung aus dem Transzendenten. Das Tor, durch das wir uns diesem Ereignis öffnen können, besitzt zwei Flügel. Der eine öffnet sich nach innen, der andere nach außen. Wobei wir von Anfang an begreifen sollten, dass wir nicht in den Raum der Transzendenz, zu dem uns die Magie hinführt, gelangen können. Der Raum erschließt sich uns stattdessen, sobald wir mit unserer Beschauung – so das deutsche Wort für Kontemplation – am Grund unseres Forschens angelangt sind. Das setzt freilich voraus, dass wir Magie auch als einen Akt zur Erforschung des Letztgültigen verstehen. Der Weg dorthin ist ein Weg des Aussortierens, des Weglegens, des Entwertens, des Loslassens, des Verneinens und Tilgens. Wir suchen nicht mehr nach dem, was wir meinen, sondern bleiben bei dem, was wir sehen. Das bedeutet in erster Konsequenz, wir geben die Suche nach dem Transzendentalen auf. Weil wer sucht, besitzt eine Vorstellung von dem, was er finden möchte; andernfalls hätte er nicht mit seiner Suche begonnen. Wir suchen folglich auch nicht nach dem Höchsten, selbst wenn wir dies im Ansatz unserer Kontemplation als Ziel benennen; denn Theurgie bedeutet die Suche nach der Verbindung zu Gott, der Wunsch nach seiner Offenbarung. So steht, wenn wir es ernst meinen, zu Beginn dieser Hinwendung die Abwendung.

Gehen wir diesen Weg, gehen wir zuerst durch den Torflügel nach innen. Die Suche aufzugeben, wäre zum Beispiel bereits ein Schritt nach innen. Er konfrontiert uns mit unserer Sehnsucht nach dem Erhabenen. Wir geben in dieser Gegenüberstellung aber nicht die Sehnsucht auf, sondern die Gegenüberstellung. Daraufhin erkennen wir, dass wir die Sehnsucht selbst sind und sie selbst das Bild kreierte, das wir suchen wollten. Geschieht es, dass wir mit der Sehnsucht eins werden, verliert sie sich augenblicklich. Es ist ein Geschehen und kein Erkennen im üblichen Sinne[1]. Denn werden wir eins mit unserer Sehnsucht, wurden der Beobachter und das Beobachtete eins. Da ist dann niemand mehr, der erkennt, sondern es wirkt Erkenntnis. – Das ist Magie! Es ist Magie, weil Magie Wirkung ist. – In solchem Erkennen der Sehnsucht verliert die Sehnsucht ihren Grund, nämlich das ihr gegenübergestellte Ich. Es heißt nicht mehr: Ich habe Sehnsucht, sondern: Ich ist Sehnsucht! Also gibt es auch keinen Grund mehr, sie zu stillen; schließlich ist sie, weil Ich, unstillbar. Sie wird dagegen still, weil sie erkannt wurde. Wir suchen nicht mehr nach ihren Visionen, sondern sind auf dem Grund der Visionen angelangt. Wir haben in unserer Sehnsucht gefunden, wonach sie uns drängte, zu suchen.

Der andere Torflügel führt uns nach außen. Wir blicken auf die Welt und versuchen, sie zu verstehen, indem wir sie uns nicht erklären oder erdenken, sondern erschauen. Auch hier erfordert eine gültige Sicht, dass Beobachter und Beobachtetes miteinander verschmelzen; dass die gewohnte Dualität aufgehoben wird und die Welt nicht mehr das Objekt unserer Betrachtung ist, sondern wir die Welt sind, die wir schauen. Auch dieser Blick ist pure Magie. Denn sind wir die Welt, wirkt die Welt durch uns. Wir sind verzauberte; und dies in einem wahren und keinem romantischen Sinn.

Der Wechsel zwischen innerer und äußerer Sicht bewirkt, dass wir mehr und mehr die Wahrheit im Schauen erkennen beziehungsweise, um es präziser zu sagen, sich die Wahrheit in unserer Schau um ihrer selbst willen offenbart. Wir werden hierdurch nicht zu Besitzern der Wahrheit, sondern bleiben als Ich und Erdenkender außen vor. Hier geschieht etwas, hier wirkt etwas, hier entfaltet sich etwas in unserem Geist, indem unser Ich, die bislang höchste Instanz, in uns still wird – es erlischt. Die Offenbarung ist reine Schau in einem zeitlosen Raum. Das ist vollendete Mystik und höchste Magie; sprich vollkommene Verzauberung. Je

1 Ich nenne dieses Geschehen Laxzeption: Aufnahme respektive Erkenntnis durch Gelöstheit.

tiefer die Sicht, desto sensibler wird unser Geist für das Geschehen. Wir erahnen einen Raum absoluter Präsenz. In ihm gibt es
kein Gestern und kein Morgen, sondern nur Dasein. Solch pures
Dasein ist allumfassend. Das Allumfassende aber ist die Schöpfung selbst. So zeitlos in der Schöpfung ruhend, wirkt durch uns
das Ursprüngliche.

In dieser Weise ergänzt die Magie den Satz von Jacobi am Ende
des Traktates (siehe Seite 112), indem sie mit ihrer ganz eigenen
Art der Seinserkenntnis in der Tat die Ratio relativiert und einen
Raum für unser Leben öffnet, der sich den gewohnten Gesetzen
verweigert, dafür aber eine Art des Zusammenlebens ermöglicht,
das friedfertiger, ehrlicher und freier ist – und dies in einer selbst-
verständlichen Harmonie – als wir es uns bislang ausmalen konnten. Das wunderbare daran ist aber, dass dieserart Magie keine
Utopie, sondern, zwar seltene, dafür dennoch gelebte Wirklichkeit ist.

Anhang

DEMIURG: Platon nannte den Weltenschöpfer Demiurg in Anlehnung an den ursprünglichen, griechischen Wortsinn, Handwerker, daher auch die Bezeichnung Weltbaumeister. Später bezeichneten die Gnostiker den Gott des Alten Testamentes als Demiurgen. Er galt ihnen als ein Element der Finsternis. Unabhängig davon fand der Begriff generelle Verwendung für den Schöpfergott, um ihn vom Christus, dem Erlöser, zu unterscheiden.

NEW AGE: Ein neues Zeitalter verkündeten in den 1970er und 80er Jahren verschiedene Esoteriker und Wissenschaftler, zum Beispiel die Schriftstellerin Marilyn Ferguson (1938–2008) mit ihrem Buch „Die sanfte Verschwörung" oder der Physiker Fritjof Capra (1939*), der ein Vorwort für Fergusons Buch schrieb, mit seinem Bestseller „Wendezeit". Die Protagonisten des New Age fußen auf den romantisch esoterischen Ideen, die bereits im 19. Jahrhundert in Zusammenhang mit der Adaption östlicher spiritueller Praktiken und Systeme wie Yoga, Meditation oder Chakrenlehre entstanden und gleichzeitig den abendländischen Okkultismus sowie die magischen Vorstellungen mit einbezogen. Hier waren vor allem Helena Balvatskys Theosophische Gesellschaft im angelsächsischen und Rudolf Steiners Anthroposophie im deutschsprachigen Raum meinungsbildend.

Grundlage der New-Age-Bewegung war die Vision, dass mit dem Wassermannzeitalter eine spirituelle Zeit des Friedens, der religiösen Erneuerung und des harmonischen Zusammenlebens anbrechen würde. Es entstanden vielerorts spirituelle Gemeinschaften und bereits bestehende Gemeinschaften wie Auroville in Indien und Findhorn in Schottland blühten auf. Mit Wassermannzeitalter meinte man die Verschiebung des astrologischen Frühjahrspunktes vom Sternbild Fische in das Sternbild des

Wassermannes. Dies sollte in etwa in der zweiten Hälfte des 20. Jahrhunderts geschehen sein und ungeahnte spirituelle Kräfte freisetzen. Der vermutete Zeitpunkt des Beginns variiert allerdings je nach Interpretation bis zum Ende des 23. Jahrhunderts. Mit den astronomischen Gegebenheiten haben diese Spekulationen nichts gemein.

SCHEMHAMPHORASCH: Auch Schem ha-Meforasch. Der Schemhamphorasch soll die Formel für die Entschlüsselung des wahren GottESnamens des mosaischen Gottes sein. Nachdem Gott im brennenden Dornbusch seinen Namen Moses als Jahwe – das heißt: ich bin der, der ich bin – offenbart hatte (2Mose 3,13–15) setzten alsbald Spekulationen ein, was wohl der wahre Name des Gottes sei. Schließlich konnte, so wurde gemutmaßt, dieser so verschlüsselte Name nicht der eigentliche Name sein, da sonst Gott von jedermann beschwörbar wäre. Also musste es einen wahren Gottesnamen geben, den nur Eingeweihte kannten. Die Kabbala als mystische Disziplin, die Gottes Wort erforschte, glaubte im Exodus (2. Buch Moses) den Schlüssel gefunden zu haben. Danach sind es drei Verse, die den Namen Gottes preisgeben (2Mose 14,19-21). Sie erzählen, wie Gott sich beim Zug der Israeliten durchs Rote Meer zeigte. In der Tora zählte man pro Vers 72 Buchstaben; 6 mal 12 eine besonders heilige Zahl. Diese Buchstaben werden in drei Zeilen untereinander geschrieben. Wobei die erste und die dritte Zeile von rechts nach links und die mittlere Zeile von links nach rechts geschrieben werden. Daraufhin werden die 72 vertikalen, aus je 3 Buchstaben bestehenden Reihen gelesen. Sie ergeben den 72silbigen Namen Gottes.

Johannes Reuchlin (1455 – 1522) übersetzte Teile der Kabbala und befasste sich auch mit dem Schemhamphorasch. Er deutete den Gottesnamen als die Versammlung von 72 Engeln, die mit ihren Wesen Gottes Herrlichkeit darstellten. Jeder Silbe hängte er die hebräischen Endungen „jah" und „el", beides wiederum

Kürzel für den Gottesnamen, an und schöpfte so von Vehu-jah bis Mum-iah die Namen von 72 Engel. Agrippa von Nettesheim folgte dieser Auffassung. Die Liste der 72 Engel wurde von den gegenwärtigen Esoterikern im Zuge der aufkommenden Engelsliteratur wiederentdeckt und vielfältig interpretiert. Diese Interpretationen haben jedoch keine Tradition; womöglich begründen sie aber eine solche.

THEURGIE: In wörtlichem Sinn „das Handeln der Gottheit selbst". Die spätantiken Neuplatoniker verstanden darunter die Beschwörung der Gottheit durch magisches Wissen. Die Magier und Alchemisten der Renaissance verwendeten den Begriff, um ihre Magie, die sie als weiße Magie verstanden, von der Goëtie, der schwarzen Magie, abzusetzen.

Ich gebrauche diesen Begriff im Sinne von Gotteserkenntnis durch Selbsterkenntnis respektive Gottesschau. Das Höchste offenbart sich daraufhin durch sein Wirken, das als magisches Wirken erlebt wird. Der Magier – oder Theurg – tritt in den magischen Raum ein und geht in ihm auf. Dies entspricht seiner Erleuchtung. Er agiert fortan aus dem Raum. Wobei der Theurg hier nicht mehr als Person handelt, sondern sich der Raum bewegt. Hier ist Magie reine Wirkung. Eine solche Magie ist geistig. Sie kommt ohne Ritual aus. Ein dennoch vollführtes Ritual ist nurmehr Tribut an die Sinnlichkeit und sichtbare Kommunikation mit der magischen Kraft. Diese Kraft ist die Energie, die den Magier führt und die er mit seiner Mitwelt teilt. Insofern steht der Magier als Seelenheiler dem Priester gleich.

WAHLVERWANDTSCHAFT: Der Begriff entstand durch Alchemisten. Er basiert auf der Beobachtung, dass verschiedene Substrate sich unter Absonderung eines anderen Stoffes miteinander verbinden. Zum Beispiel scheidet eine Kupfer-Chlor-Verbindung mit dem Zusammentreffen von Eisen Kupfer ab, während gleichzeitig das Chlor mit dem Eisen eine feste Verbindung eingeht. Demnach besteht eine Wahlverwandtschaft von Chlor und Eisen.

Die Alchemisten nahmen an, dass diese Verbindungswahl auf der Attraktionskraft beruht, mit der sich Gleiches mit Gleichem verbindet. Je stärker diese Attraktionskraft, umso größer die Wahlverwandtschaft der sich verbindenden Stoffe. Von diesem Gedanken leitet sich auch der homöopathische Grundsatz, Gleiches mit Gleichem zu heilen, ab; man meint das Wahlverwandte. In der Magie wird ähnlich gedacht und zum einen die symbolische Verbindung gesucht, die eine andere Eigenschaft ausschließt. Zum anderen werden solche Verbindungen gesucht, die sich dauerhaft gegen andere Einflüsse abkapseln.

In der modernen Chemie heißen Wahlverwandtschaften Affinitäten. Goethes Roman „Die Wahlverwandtschaften" basiert auf dem alchemistischen Verständnis der zwingenden Verbindungswahl.

Literatur

Aram, Kurt: *Magie und Zauberei in der alten Welt.* Berlin 1927.

Bakunin, Michail: *Gott und der Staat.* Grafenau 1995.

Bächtold-Stäubli, Hans und Hoffmannn-Krayer, Eduard: *Handwörterbuch des deutschen Aberglaubens.* Berlin 1987.

Bauer, Wolfgang: *6./7. Buch Moses.* Berlin 1996.

Behringer, Wolfgang: *Hexen und Hexenprozesse in Deutschland.* München 2000.

Biedermann, Hans: *Lexikon der magischen Künste. Die Welt der Magie seit der Spätantike.* München 1991.

Caroll, Peter James: *Liber Kaos. Das Psychonomikon.* Bad Ischl 1994.

Christiansen, Ingolf; Fromm, Rainer; Zinser, Hartmut: *Brennpunkt Esoterik. Okkultismus, Satanismus, Rechtsradikalismus.* Hamburg 2006.

Crowley, Aleister: *Liber AI vel Legis.* OTO 1997 o. Ortsangabe.

Crowley, Aleister: *Magie in Theorie und Praxis. II. Teil.* Zürich 1982.

Dvorak, Josef: *Satanismus. Geschichte und Gegenwart.* Frankfurt a.M. 1989.

George, Stefan: *Sämtliche Werke: in 18. Bd.. Bd. 13/14. Baudelaire, Die Blumen des Bösen.* Stuttgart, Neuausg. 1983.

Göttert, Karl-Heinz: *Magie. Zur Geschichte des Streits um die magischen Künste unter Philosophen, Theologen, Medizinern, Juristen und Naturwissenschaftlern von der Antike bis zur Aufklärung.* München, Zürich 2002.

Grandt, Guido und Michael: *Schwarzbuch Satanismus.* München 1996.

Grof, Stanislav: *Kosmos und Psyche. An den Grenzen menschlichen Bewußtseins.* Frankfurt/M. 1997.

Hörmann, Werner: *Gnosis. Das Buch der verborgenen Evangelien.* Augsburg o.J.

Horst, Georg Conrad: *Zauber-Bibliothek*. Freiburg 1979.

Jonas, Hans: Gnosis. *Die Botschaft des fremden Gottes*. Frankfurt 1999.

Kieckhefer, Richard: *Magie im Mittelalter*. München 1992.

Kirchhoff, Jochen: *Räume, Dimensionen, Weltmodelle. Impulse für eine andere Naturwissenschaft*. München 1999.

Krishna, Gopi: *Kundalini-Erweckung der geistigen Kraft, im Menschen*. München 1993.

Krishnamurti, Jiddu: *Antworten auf Fragen des Lebens*. Freiburg 1992.

Krishnamurti, Jiddu: *Krishnamurti Foundation, Bulletin 52*. Brockwood Park 1987.

Lau, Markus: *„Die Legio X Fretensis und der Besessene von Gerasa*. Anmerkungen zur Zahlenangabe „ungefähr 2000" (Mk 5,13)." Biblica, Commentarii Periodici Pontificci Instituti Biblici, Roma, Vol. LXXXVIII. Rom 2007.

la Vey, Anton Szandor: *Die satanische Bibel*. Berlin 1999.

Leber, Stefan: *Schwarzmagisches Sektierertum und geistige Verführung. Neue Versuche, Anthroposophie und Waldorfschulen zu diskreditieren*. Dornach 1997.

Lévi, Eliphas: *Transzendentale Magie. Dogma und Ritual*. München 2000.

Mala, Matthias: *Die Macht der weißen Magie. Glück und Beistand durch die Zauberkraft der Psyche*. München 1999.

Müller, Jörg: *Verwünscht, verhext, verrückt oder was?* Stuttgart 1998.

Naegeli-Osjord, Hans: *Besessenheit und Exorzismus*. Remagen 1983.

Nettesheim, Heinrich Cornelius Agrippa von: *De Occulta Philosophia*. Buschhov 1967.

Peuckert, Will-Erich: *Geheimkulte*. München 1997.

Peuckert, Will-Erich: *Pansophie. Ein Versuch zur Geschichte der weißen und schwarzen Magie*. Berlin 1956.

Pfeifer, Samuel: *Glaubensvergiftung – ein Mythos? Analyse und Therapie religiöser Lebenskonflikte.* Moers 1993.

Quekelberghe, Renaud van: *Grundzüge der spirituellen Psychotherapie.* Eschborn 2006.

Schmidbauer, Wolfgang: *Psychotherapie. Ihr Weg von der Magie zur Wissenschaft.* München 1975.

Schmidt, J.W.R.: *Der Hexenhammer. Reprint der Originalausgabe 1937/38.* Leipzig o.J.

Siegmund, Georg: *Der Exorzismus der katholischen Kirche.* Stein am Rhein 1989.

Silberer, Herbert: *Probleme der Mystik und ihrer Symbolik.* Wien 1914.

Sor. Conata: *Küchenmagie.* Lübeck 1994.

Trevor-Roper, Hugh Redwald: *„Der Europäische Hexenwahn des 16. und 17. Jahrhunderts."* In: ders.: *Reformation und sozialer Umbruch.* Frankfurt a. M. 1967.

Trimondi, Victor und Victoria: *Der Schatten des Dalai Lama. Sexualität, Magie und Politik im tibetischen Buddhismus.* Düsseldorf 1999.

Register

Matthias Mala

Weiße Magie
*365 schützende und
stärkende Praktiken*

Band I der Reihe Theurgia
152 Seiten, Softcover
ISBN: 978-3-8334-5374-8

Dieser Longseller ist die beste Einführung in die weiße Magie. Er ist verständlich, bodennah und dennoch wissend geschrieben. Er knüpft an die tradierten magischen Geheimnisse an und formt aus ihnen eine zeitgemäße weiße Magie. Diese Magie setzt positive Zeichen in die Welt und stärkt die Seelen mit heiler Kraft.

So werden Sie in die seit alters wirkenden Prinzipien der weißen Magie eingeweiht. Dabei erfahren Sie, wie Sie sich ein Amulett weihen und sich vor dem bösen Blick schützen; was Schutz- und Abwehrzauber ist; wann ein Liebeszauber hilft; wie Sie Ihr Glück beschwören können; wie Sie rasch magische Kraft herbeiziehen; wie Ihre Gedanken Zaubermacht erlangen; wie Sie eine magische Reinigung durchführen, dazu schlechte Energien bannen und eine positive Atmosphäre stiften. Zahlreiche Beispiele aus der weißmagischenPraxis helfen Ihnen bei der Umsetzung.

In der „Reihe Theurgia" werden fortan im BoD Verlag die bislang nicht mehr lieferbaren Titel von Matthias Mala neu aufgelegt. Weitere Informationen zu den Schriften von Matthias Mala finden Sie auf der Internetseite www.weissemagie.info.

Matthias Mala

Stundenbuch der weißen Magie

*Kontemplationen
zur Quelle magischer Kraft und
Weisheit*

Band II der Reihe Theurgia
224 Seiten, Hartband
ISBN: 978-3-8334-5405-9

„Perlen der Weisheit" nannte eine Kritikerin die Kontemplationen in diesem Buch. Stundenbücher dienten im Mittelalter der Besinnung, Erbauung und Andacht. Diese Tradition setzt dieses Buch fort und weist hierdurch auf den Weg der Selbsterkenntnis, den edelsten Weg der weißen Magie. Zugleich zeigt es eine einzigartige esoterische Dichtung, die den magischen Raum offenbart.

Kontemplation, Meditation und verschlüsselte Zauberhandlung wechseln einander als sanfte Initiation ab. Wesen und Struktur der Magie werden vertraut. Ihre magische Praxis wird fundiert und Sie haben Zugang zum magischen Raum. Magische Kraft fließt Ihnen zu. Sie wandern auf dem Weg des weißen Magiers. Das Stundenbuch der weißen Magie wird Ihnen zu einem anregenden spirituellen Begleiter. Zugleich ist es ein offenes Geheimnis, das sich dem Suchenden mit wachsender Reife offenbart.

Theurgie ist lautere weiße Magie. In der „Reihe Theurgia" werden weißmagische Bücher veröffentlicht, insbesondere die Schriften von Matthias Mala. Weitere Informationen zu dieser Reihe finden Sie auf der Internetseite www.weissemagie.info.

Matthias Mala

Kundalini-Mudra

Ein weißmagisches Ritual zur Erlangung der Glückseligkeit

Band III der Reihe Theurgia
184 Seiten, Softcover
ISBN: 978-3-8334-6268-9

Kundalini ist ein esoterisches Geheimnis, das nur wenige Menschen für sich lüften. Mit der Kundalini-Mudra können Sie es aufdecken. Diese Mudra ist eine schlichte meditative Übung bestehend aus einer Abfolge einfacher Siegel. Doch was so schmucklos erscheint, ist in Wirklichkeit ein magisches Ritual, durch das Sie die mächtigste spirituelle Energiequelle zum Fließen bringen: Ihre Kundalini-Kraft. Kundalini ist Schöpfungskraft. Sie vermittelt uns tiefe geistliche Einsichten. Angeregte Kundalini ist zudem pure Zauberkraft. Sie erhellt große Magier und erleuchtete Meister. Einmal geweckt gilt sie als Flamme der Erleuchtung und Glückseligkeit.

Dieses Buch benennt die Irrtümer und Legenden, die die Kundalini-Kraft in falscher Weise mystifizieren und ihre Erweckung erschweren. Dafür beschreibt es das Ritual der Kundalini-Mudra in nachvollziehbarer Weise in Wort und Bild. Hierdurch können auch Sie Ihre Kundalini in sanfter Weise anregen, ohne sich der Welt versagen zu müssen. Denn die Kraft der Kundalini wird nicht durch Askese erzwungen, sondern durch Hingabe provoziert.

Matthias Mala

Weiße Magie im Alltag

Praktische Rituale,
Schutz- und Abwehrzauber

Band IV der Reihe Theurgia
200 Seiten, Softcover
ISBN: 978-3-8334-8569-5

In jedem Menschen steckt ein Magier. Erkennen wir unsere magische Seele, durchwirkt weiße Magie unseren Tag. Wir lernen, uns und unsere Mitwelt vor schlechten Schwingungen zu schützen und mit positiver Kraft zu stärken. Weiße Magie ist die heilsame Dimension der Wirklichkeit. Dies zu erkennen, heißt den magischen Raum zu entdecken. Dieses Buch offenbart die Wege der Meister zum magischen Raum. Es ist ein Buch der Einweihung wie der Praxis. Sie blicken in höhere Sphären, erfassen magische Phänomene und schulen Ihren magischen Sinn. Sie rücken dem magischen Raum näher. Zugleich erfahren Sie unter anderem wie man Energievampire abweist, verstorbene Seelen tröstet, Geister bannt, einen Zaubertrank anrichtet, Weihwasser weiht, Feinde entwaffnet, für die wahre Liebe zaubert, magische Siegel anfertigt, mit Zauberspiegeln arbeitet oder sich mit einem Zauberschild rüstet.

Theurgie ist lautere weiße Magie. In der Reihe „Reihe Theurgia" werden weißmagische Bücher veröffentlicht, insbesondere die Schriften von Matthias Mala. Weitere Informationen zu dieser Reihe finden Sie auf der Internetseite www.weissemagie.info.

Matthias Mala

Das Geheimnis des magischen Pendelns

Verborgene Energien lesen und zum Guten lenken

Band V der Reihe Theurgia
240 Seiten, Softcover
ISBN: 978-3-8370-4764-6

Ein Pendel reagiert nicht nur auf Erdstrahlen und Umwelteinflüsse, sondern in hohem Maße auch auf seelische Energien. Hier wird es zu einem hoch sensiblen Gradmesser unserer Befindlichkeit, durch den wir auf uns einwirkende Energien registrieren und lesen. Dank ihm sind wir imstande, verborgene Kräfte zu erhellen, um mit ihnen zu kommunizieren. Dies ist moderne psychovitale Radiästhesie. Wer sie beherrscht, erahnt bereits die Dimension des magischen Pendelns. Mit ihm blicken wir ein Stück hinter die Kulissen und vermögen so Entwicklungen abzuschätzen und uns auf sie vorzubereiten. So lassen sich mit dem Pendel Vergangenheit und Zukunft befragen, Geister beschwören, schlechte Energien abwehren und Schutzkreise aufbauen. Schwingt das Pendel durch den magischen Raum, zieht es positive Kräfte in unsere Wirklichkeit, die uns stützen und unsere Seele erheben. Das Pendel wird zum Zauberstab für eine heilere Welt. Dies ist die hohe Kunst des Pendelns.

Matthias Mala erlernte das Pendeln bereits in Jugendjahren und erforschte daraufhin die Möglichkeiten des magischen Pendelns.